アイルランドとEUの租税紛争

背景にある企業誘致と優遇税制

髙久 隆太［著］

泉文堂

は じ め に

アイルランドは，EU加盟国の中では大国ではなく，政治，経済で他国を
リードすることもない。また，日本で注目される国の範疇には入っていない。
しかし，租税の観点からはなかなか興味深い国である。事業所得に係る法人税
率が12.5％とEU加盟国の中で最も低いことから，グローバルな租税負担額の
最小化を図る米国企業は，このメリットについて早い段階から着目し，欧州統
括会社をアイルランド国内に設置してきた。

グーグル社，アップル社等の米国企業は，アイルランドに設立した子会社を
利用して国際的租税回避を行っていると指摘された。米国議会において，法人
税率の高い国から低い国，すなわち米国からアイルランドに知的財産を移転し，
ロイヤルティの支払先を変更することによって不当に租税負担額の軽減を図っ
たとして問題視された。さらに，知的財産の移転にとどまらず，M&Aを利用
して，アイルランド企業を買収し，本社をアイルランドに変換するタックス・
インバージョン（納税地変換）を実施して，租税負担額の軽減を図る企業も散
見されるようになってきている。

一方，EUは，アイルランドがアップル社に対して行った租税上の取扱いに
関して，EUの機能に関する条約の規定に反するとして，調査を行い，アイル
ランドに対して，2003年から2014年間にアップル社が受けた租税軽減額約130
億ユーロを追徴するよう求めた。EUがアップル社について問題視したのは，
アルランドがアップル社に対して適用してきた租税軽減措置が「State aid（国
家の補助金）」に該当し，市場の公平性を損なうと判断したからである。アイ
ルランドはこれを不服として直ちにEUの一般裁判所に提訴した。アイルラン
ドにおける低い法人税率は外資誘致の重要な要因であり，この方針を貫くこ
とを表明している。これまでも，アイルランドは，EUの中で法人税率が最低
であるとの批判を受けることに対して極めてセンシティブであった。対外的
なことも考慮し，国際税務憲章を制定し，また，日頃からアイルランドはEU

1

やOECDと協調していくことを表明している。また，財務省の担当者がThe Economic and Social Renewに「アイルランドはタックス・ヘイブンではない」との記事を投稿しているように，諸外国に対する自己弁護に努めているといえる。

米国企業を中心とした多国籍企業は，アイルランドを組み入れた国際租税戦略を構築している。今回，アイルランド子会社を利用した国際租税スキームの解明および各国の対応策を検討することを目的に研究を開始した。しかし，単にスキームを解明するのでは十分な理解が得られないのではないか，アイルランドの税制および税務行政に関する理解が必要であり，優遇税制を導入せざるをえない背景となったアイルランドの経済，歴史，文化，さらにはアイルランドと米国との特別な関係も理解する必要があると考えるに至った。一方，日本企業はアイルランドにどう対応しているのか興味を持った。したがって，本書では，アイルランドの税制，税務行政，外資系企業の進出，アップル事案に係るEUとアイルランドの論争に至るまでを対象とした。アイルランドの優遇税制は経済成長にどのような影響を与えたか，多国籍企業による租税回避スキームは如何にして構築されたか，今後アイルランドはどこへ向けて進むのか等興味は尽きない。

日本においてアイルランドの税制に関する文献は少なく，また，アイルランドにおいてさえ，自国の税制に関する文献は多いとはいえない。このように国内国外を問わず，アイルランドの税制，税務行政に関する研究は従来行われていなかったと思われる。欧州では，英国，ドイツ，フランス，オランダが主な対象であり，西端の小国は注目されて来なかったといえる。しかし，アップル事案に代表されるように，現在，アイルランドの税制は多国籍企業，EU等から大きな注目を浴びている。さらに，日本同様資源がないにもかかわらず，「ケルトの虎」と表現されたアイルランドの経済成長は脅威であった。その要因となる優遇税制，そして小国ながらもEUの中で大国と渡り合っていること等は日本にとっても参考になるであろう。

2017年は，日本とアイルランドとの国交樹立60周年に当たる記念すべき年で

ある。まだ60年しか経っていないのかとの印象を受けるが，それ以前に二国間関係がなかったのではなく，英国の一部として日本との関係が存在していた。したがって，多くのアイルランド人は英国人として取り扱われている。日本で馴染みのあるラフカディオ・ハーン（日本名：小泉八雲）の父はアイルランド人であり，また，日本に初めて，正確には，慶應義塾大学にホッケーを伝えたのもアイルランド人である。

　今回，慶應義塾大学から1年間の在外研究を認められ，アイルランドのダブリンに滞在し，アイルランドの税制およびアイルランドとEUとの租税紛争に関する研究を行った。本書は，それをまとめたものである。

　このような機会を与えてくださった慶應義塾大学に深く感謝するとともに，1年間客員研究員として受け入れ，研究室を提供していただいたUniversity College Dublin, National University of Ireland（通称UCD），School of Lawの教職員の皆様に深く感謝する。

　また，現地では，かつてUCDで教壇に立っておられた潮田哲博士ご夫妻，現在UCDで教壇に立っておられる小舘尚文博士，三好真理大使はじめ在アイルランド日本大使館の方々，Deloitteシニアマネージャー浅田裕一氏にお世話になったほか，現地事情等について，アイルランド政府商務庁佐藤朗子氏，オザキアソシエイツ代表尾崎弘章氏，日本企業懇和会会員企業の皆様からご教示いただいた。この場をお借りしてお礼申し上げたい。

　本書の出版を快諾していただいた株式会社泉文堂および担当してくださった佐藤光彦氏に厚くお礼申し上げる。なお，本書の出版に際し，慶應義塾大学商学会から補助をいただいた。同会に深く感謝する次第である。

2017年3月

髙久隆太

目　　次

はじめに

Ⅰ　アイルランドの概要および税務行政

1　アイルランドの概要 ……………………………………… 3
1-1　基　　本 …………………………………………… 3
1-2　経　　済 …………………………………………… 4
1-3　日本との関係 ……………………………………… 8
1-4　英国・米国との関係 ……………………………… 9
1-5　アイルランド企業 ………………………………… 11
2　租税政策と税務行政 ………………………………… 11
2-1　財　務　省 ………………………………………… 11
2-2　歳　入　庁 ………………………………………… 12
2-3　税務行政の現状 …………………………………… 14
2-4　コンプライアンスの向上 ………………………… 16
2-5　広報・税務コンサルタント ……………………… 20
3　小　　括 ……………………………………………… 22

Ⅱ　租税制度

1　沿　　革 ……………………………………………… 27
1-1　間　接　税 ………………………………………… 27
1-2　所　得　税 ………………………………………… 27
1-3　キャピタル税 ……………………………………… 28
2　租税法の法源 ………………………………………… 28
3　法　人　税 …………………………………………… 30
3-1　概　　要 …………………………………………… 30

1

3－2 法人の居住性 ……………………………………… 32

3－3 申告および納付 …………………………………… 33

3－4 予納法人税 ………………………………………… 34

3－5 課税所得の計算 …………………………………… 35

3－6 知的財産に関する優遇措置 ……………………… 38

3－7 グループ法人の課税の特例 ……………………… 39

3－8 その他の課税の特例 ……………………………… 41

4 所 得 税 ………………………………………………… 42

4－1 概　　要 …………………………………………… 42

4－2 課税対象所得と居住性 …………………………… 44

4－3 給 与 所 得 ………………………………………… 47

4－4 課税所得および税額の計算 ……………………… 48

4－5 申　　告 …………………………………………… 49

4－6 源泉徴収制度 ……………………………………… 50

5 その他の税 ……………………………………………… 51

5－1 キャピタル・ゲイン税 …………………………… 51

5－2 専門的サービス源泉所得税 ……………………… 52

5－3 フィルム源泉所得税 ……………………………… 52

5－4 預金金利保持税 …………………………………… 52

5－5 配当源泉所得税 …………………………………… 53

5－6 付加価値税 ………………………………………… 53

6 一般的租税回避否認規定 ……………………………… 54

6－1 概　　要 …………………………………………… 54

6－2 条　　文 …………………………………………… 54

6－3 歳入庁が租税回避行為と認める行為 …………… 55

6－4 納税者のディスクローズ ………………………… 57

7 小　　括 ………………………………………………… 57

目　次

Ⅲ　国 際 租 税

1　国際租税戦略 ……………………………………………… 61
2　租 税 条 約 …………………………………………………… 61
　2－1　アイルランドが締結した租税条約 ……………… 61
　2－2　租税情報交換協定 …………………………………… 65
　2－3　アイルランド租税条約コメンタリー …………… 66
　2－4　租税条約と国内法の関係 ………………………… 71
　2－5　租税条約による制限税率 ………………………… 71
　2－6　外国実効レート ……………………………………… 74
　2－7　日本アイルランド租税条約 ……………………… 75
　2－8　米国アイルランド租税条約 ……………………… 80
3　移転価格税制 ……………………………………………… 86
　3－1　1997年統合租税法 ………………………………… 87
　3－2　マニュアル …………………………………………… 91
　3－3　移転価格調査の展望 ……………………………… 97
4　相 互 協 議 …………………………………………………… 98
　4－1　アイルランド租税条約コメンタリー …………… 98
　4－2　相互協議マニュアル ……………………………… 99
　4－3　権限ある当局 ………………………………………… 103
　4－4　紛争解決 ……………………………………………… 107
　4－5　相互協議部門と調査部門との分離 …………… 111
　4－6　相互協議の実施 ……………………………………… 111
　4－7　仲　　裁 ……………………………………………… 114
5　事 前 確 認 …………………………………………………… 118
　5－1　概　　要 ……………………………………………… 118
　5－2　APAの実施状況 …………………………………… 119
　5－3　フォーマルな二国間APAプログラム ………… 120

3

5－4　二国間APAガイドライン ……………………… 123

　　5－5　今後の展望 …………………………………… 135

　6　そ　の　他 ………………………………………………… 136

　　6－1　二重課税の排除 ………………………………… 136

　　6－2　CFC税制 ……………………………………… 137

　　6－3　過少資本税制 ………………………………… 138

　7　国際税務憲章 …………………………………………… 138

　8　小　　括 ………………………………………………… 139

Ⅳ　アイルランド進出の現状と課題

　1　アイルランドでの法人設立 …………………………… 145

　　1－1　法人の種類 …………………………………… 145

　　1－2　法人設立のアドバンテージ ………………… 147

　2　アイルランドの優位性 ………………………………… 147

　　2－1　「4T」と「4E」 …………………………… 147

　　2－2　その他の要因 ………………………………… 148

　3　政府の外資誘致 ………………………………………… 149

　　3－1　産業開発庁 …………………………………… 149

　　3－2　商　務　庁 …………………………………… 149

　4　優　遇　税　制 ………………………………………… 150

　　4－1　概　　要 ……………………………………… 150

　　4－2　法　人　税　率 ……………………………… 151

　5　アイルランド進出企業 ………………………………… 152

　　5－1　近年の進出業種 ……………………………… 152

　　5－2　米　国　企　業 ……………………………… 153

　　5－3　英　国　企　業 ……………………………… 155

　　5－4　日　本　企　業 ……………………………… 155

　　5－5　その他の国の企業 …………………………… 161

6　アイルランドに進出している日本企業に対するヒアリング …………161

7　投 資 環 境 ……………………………………………………163

　7 - 1　金融センター …………………………………………163

　7 - 2　マネーマーケット ……………………………………164

8　EU諸国との競合 …………………………………………………164

9　本国での課税リスク ……………………………………………165

　9 - 1　米　　　国 ……………………………………………165

　9 - 2　日　　　本 ……………………………………………165

10　小　　　括 ………………………………………………………168

Ⅴ　アイルランドを利用した租税スキームに係る EU との租税紛争

1　EUの機能に関する条約 …………………………………………173

　1 - 1　EUの概要 ………………………………………………173

　1 - 2　EU条約とEUの機能に関する条約 ………………………173

　1 - 3　EU規制の種類 …………………………………………174

　1 - 4　租税に関する条文 ……………………………………175

　1 - 5　State aid ………………………………………………179

2　EUが問題視した事例 ……………………………………………181

　2 - 1　EUによるState aidに関する調査 …………………………181

　2 - 2　EUによるState aidに関する調査結果 ……………………182

3　アップル事案 ……………………………………………………183

　3 - 1　EUの調査報告書 ………………………………………183

　3 - 2　事案のスキーム ………………………………………185

　3 - 3　EUの見解 ………………………………………………191

　3 - 4　EUの決定 ………………………………………………193

　3 - 5　EUの決定書の内容 ……………………………………195

　3 - 6　アイルランド政府の対応 ……………………………198

　3 - 7　アップル社の見解 ……………………………………201

5

3－8　米国政府の見解 ……………………………………… 202
4　アイルランドを利用したその他の租税スキーム ……………… 202
　　4－1　ダブル・アイリッシュ ……………………………… 202
　　4－2　グーグル社のスキーム …………………………… 203
5　タックス・インバージョン …………………………………… 205
6　OECDおよびEUにおける多国籍企業の課税逃れ防止対策の検討 …… 207
　　6－1　OECD ………………………………………… 207
　　6－2　EU ……………………………………………… 208
7　OECDおよびEUにおける議論に関するアイルランドの対応 ……… 209
　　7－1　OECDおよびEU ………………………………… 209
　　7－2　タックス・ヘイブンと指摘されることに対しての政府の反論 … 210
8　小　　　括 ……………………………………………………… 211
おわりに ……………………………………………………………… 217
参考文献 ……………………………………………………………… 219
事項索引 ……………………………………………………………… 223
欧文索引 ……………………………………………………………… 226

略語一覧等

1．主な略語は以下のとおりである。

APA：Advanced Pricing Agreement（事前確認）
BEPS：Base Erosion and Profit Shifting（税源浸食と利益移転）
CAT：Capital Acquisition Tax（キャピタル取得税）
CATCA：Capital Acquisition Tax Consolidation Act（キャピタル取得税統合法）
CGT：Capital Gains Tax（キャピタル・ゲイン税）
CSO：Central Statistics Office（中央統計局）
EC：European Community（欧州共同体）
EEA：European Economic Area（欧州経済地域）
EEIG：European Economic Interest Grouping（欧州経済利益グループ）
EU条約：Treaty on the European Union（欧州連合条約）
EU機能条約：Treaty on the Functioning of the European Union（欧州連合の機能に
　　　関する条約）
FATCA：Foreign Account Tax Compliance Act（海外口座コンプライアンス法）
GAAR：General Anti-Avoidance Rule（一般的租税回避否認規定）
IDA：Industrial Development Agency（産業開発庁）
IFSC：International Financial Service Center（国際金融センター）
JTPF：EU Joint Transfer Pricing Forum（EUジョイント移転価格フォーラム）
KDB：Knowledge Development Box（知的財産開発ボックス）
PAYE：Pay As You Earn（アイルランドの源泉徴収制度）
ROS：Revenue On-Line Service（歳入庁オンラインサービス）
TCA：Taxes Consolidation Act（租税統合法）
TIEA：Tax Information Exchange Agreements（情報交換協定）
VATCA：Value Added Tax Consolidation Act（付加価値税統合法）

　なお，本文中にも記載してあるが，アイルランドの税務当局であるRevenueを「歳
入庁」と表記している。また，グレートブリテンおよび北アイルランド連合王国を
「英国」，アメリカ合衆国を「米国」と表記している。ただし，原典がこれと異なる
表記をしている場合は，それに従った。

2．特に記載のない限り，アイルランドの法令等は2016年12月31日現在のものである。
しかし，なかには最新のものが確認できないものもあった。アイルランドでは，毎年
制定される財政法によって税制改正が行われることから，最新の情報を入手すること
が肝要である。

3．2016年12月31日現在，1ユーロは123円である。

アイルランドの地図

I

アイルランドの概要および税務行政

1 アイルランドの概要

1−1 基 本

　2016年4月に実施された国勢調査によると，人口は4,758千人である。面積は7万300平方キロメートルと北海道とほぼ同じである。公用語は英語およびアイルランド語（ゲール語）である。後述するように，英語を公用語としていることは，外国企業特に米国企業を誘致する際の大きなメリットとなっている。人口の約8割がキリスト教徒（カトリック）であり，そのことがプロテスタントの英国との関係において大きな影響をもたらした。以前は農業がアイルランドの主要産業であったが，近年，金融，製薬等が主要産業となってきている。

　アイルランドは立憲共和制を採用しており，元首は大統領である。1801年以降英国に併合されていたが，1922年アイルランドは英国連邦内の自治領として英国から独立し[1]，自由国憲法を制定した。そして，1937年現行憲法を制定し，大統領制を導入した。1949年には，共和制となり英国連邦を離脱している。議会は，上院下院の二院制で下院が優位となっている。1955年国連に加盟，1973年欧州共同体（European Community：EC）に加盟した。1999年ユーロ（€）を導入しており，ユーロ創設メンバーである。第二次世界大戦前から中立を掲げ，北大西洋条約機構（NATO）には加盟していない。国連の平和維持活動（PKO）には積極的に参加している。

　2010年3月のギリシャ債務問題に端を発してユーロ圏の財政懸念が高まる中，アイルランドの国債金利が高騰したことから，11月に政府はEU，欧州中央銀行（ECB），IMFから総額850億ユーロの財政支援プログラムを受け入れることとなった。

---

(1) 北アイルランドは現在も英国の一部となっている。

2011年2月に実施された解散総選挙で共和党が歴史的大敗を喫し，3月に統一アイルランド党と労働党の連立政権による政権交代が14年ぶりに実現した。政府は，財政再建と経済回復を最優先課題に掲げ，財政支援プログラムを着実に実施している。また，雇用促進対策や公共サービス改革等にも取り組んだ結果，2013年12月財政支援プログラムが終了することとなった。なお，財政危機に陥った際にも，EUで最も低い法人税率を引き上げなかった。

1-2 経　　済

　アイルランドが1973年にECに加盟した時には，ECの中で最も貧しい国といわれていたが，1990年代後半から，アイルランドは驚異の経済発展を遂げ，「ケルトの虎」と呼ばれるようになった。その要因として，低い法人税率による外資導入，高付加価値産業への構造転換等があげられる。しかし，リーマンショックの影響を受けて経済は停滞することとなる。以下，数値を基に最近の傾向を鳥瞰してみる。

1-2-1　国内実質総生産

　アイルランド政府の中央統計局（Central Statistics Office：CSO）は，毎年

写真1
国会議事堂内部

「Government Income and Expenditure」を公表しており，それによれば最近
5年間の国内実質総生産（GDP）の推移は，図表1のとおりである。

図表1　GDPの推移

（単位：百万ユーロ）

年　度	2011	2012	2013	2014	2015
GDP	173,070	175,754	180,209	193,160	255,815
対前年比	103.6%	101.6%	102.5%	107.2%	132.4%

（出典：「Government Income and Expenditure」CSO Statistical Release，13 July 2016
　　を基に筆者作成）

　GDPは連年上昇しているが，2015年のGDPは255,815百万ユーロと前年比
132.4%の大幅増となった。この異例の成長の背景には，アイルランドの税制
も寄与しているとされている。アイルランドの法人税率は，12.5%と極めて低
いことから，米国企業等がアイルランドに進出し，GDPの上昇に寄与したこ
ととなる。GDPの4分の1は外国企業の投資によるものといわれている。
　2015年の1人当たりGDPは，形式的に約60,000ユーロであり，かなり高い
レベルにある。

1-2-2　財政収支

　「Government Income and Expenditure」によれば最近5年間の財政収支の
推移は，図表2のとおりである。

図表2　財政収支の推移

（単位：百万ユーロ）

年　度	2011	2012	2013	2014	2015
歳　入	57,716	59,493	61,522	65,804	70,622
歳　出	79,557	73,506	71,715	73,000	75,243
収　支	△21,841	△14,013	△10,193	△7,196	△4,621

（出典：「Government Income and Expenditure」CSO Statistical Release，13 July 2016
　　を基に筆者作成）

収支は改善されているものの連年欠損となっている。財政赤字を減少させるには，増税を図るべきとの考えもあるが，EUの中で最低の法人税率を引き上げるとの意見は出て来ない。その背景には，低い法人税率を維持しつつ外国企業を誘致し，その雇用増を優先させるとの明確なポリシーが存在する。

ある政府関係者が，アイルランドにおけるGDPに占める法人税の割合は2.8％であり，EUの平均値2.6％を上回っていることから，法人税率は妥当な水準である旨発言している[2]。

１－２－３　税収構造

最近5年間の税収構造の推移は，図表3のとおりである。2015年の税収（社会保険料を除く）は50,736百万ユーロであり，これは同年の歳入の72％を占めている。

図表3　税収の推移

（単位：百万ユーロ）

年　　　度		2011	2012	2013	2014	2015
税　　　収		38,863	40,929	42,499	46,449	50,736
内訳	直接税	20,842	22,300	22,935	24,894	27,881
	間接税	17,779	18,344	19,285	21,197	22,455
	キャピタル取得税	242	285	278	359	401

（出典：「Government Income and Expenditure」CSO Statistical Release, 13 July 2016を基に筆者作成）

税収の半分は所得税，法人税，キャピタル・ゲイン税であり，付加価値税がそれに次いでいる。資産税の割合は極めて低いといえる。2014年および2015年の税目別収入（社会保険料を含む）は，図表4のとおりである。

---

[2]　「アイルランドの魅力は法人税率だけではない－リンクトイン，ドロップボックスが進出するわけ－」東洋経済オンライン2013.12.10.

Ⅰ　アイルランドの概要および税務行政

図表4　税目別収入

（単位：百万ユーロ）

年　度 税　目	2014		2015	
	金額	割合(%)	金額	割合(%)
所得税	19,049	33.98	20,188	32.58
付加価値税	14,210	25.35	15,432	24.91
法人税	5,300	9.45	7,657	12.35
消費税	5,194	9.26	5,515	8.90
印紙税	1,702	3.04	1,321	2.13
キャピタル・ゲイン税	556	0.99	710	1.14
キャピタル取得税	361	0.64	405	0.65
地方資産税	497	0.87	474	0.76
関税	277	0.49	333	0.53
社会保険料等	8,913	15.90	9,914	16.00
計	56,060		61,949	

（出典：Revenue「Annual Report 2015」Table　1：Total Amount Collected/Gross Receipt）

　所得税がもっとも多く，付加価値税が続いており，両税に依存していることが窺える。法人税率が低いことから法人税収額および割合は低いものの，外国企業の進出を反映して増加傾向にある。

1－2－4　輸出入およびサービス

　最近5年間の輸出入額の推移は，図表5のとおりである。

図表5　輸出入額の推移

（単位：百万ユーロ）

年　度	2011	2012	2013	2014	2015
輸出額	93,191	93,507	89,182	92,616	112,209
輸入額	53,035	56,179	55,787	62,158	70,007
収　支	40,155	37,328	33,394	30,458	42,202

（出典：「Annual External Trade－Goods Exports and Imports－」CSO Statistical Release，2016を基に筆者作成）

7

連年輸出超過の状態が続いているが，これは外国企業がアイルランドに進出して製造を行い，輸出が増加していることに起因する。

　主要輸出品目は化学薬品，雑品，機械部品等，主要輸入品目は機械部品，化学薬品，鉱物燃料等となっている。主要貿易相手国（サービス貿易は除く）は，輸出先国が英国，ベルギー等EU諸国および米国，輸入先国が英国，オランダ等EU諸国，米国および中国となっている。最近の傾向として，EU諸国との輸出入額が減少し，Non-EU諸国との輸出入額が増加している。

　一方，最近３年間のサービス額の推移は，図表６のとおりである。

図表６　サービス額の推移

（単位：百万ユーロ）

年　度	2012	2013	2014
輸出額	85,531	92,703	101,750
輸入額	93,139	93,096	109,376
収　支	△7,608	△393	△7,626

（出典：「International Trade in Services」CSO Statistical Release，18 December 2015を基に筆者作成）

　サービスの主な輸出先国は，英国，ドイツ，米国，オランダであり，主な輸入先国は，米国，オランダ，英国である。

1－3　日本との関係

1－3－1　概　　要

　アイルランドは，距離的にも歴史的にも日本にとって「遠い国」である。長い間英国に支配されており，アイルランドは英国の一部であったことから，特に日本とアイルランドの関係（以下「日愛関係」）は築かれなかった。第二次世界大戦時，アイルランドは中立を維持したこともあり，日本と戦火を交えたことはない。1957年に外交関係を樹立したものの，政治的な交流が深いとはいえない状態であった。2013年６月，安倍首相が日本の首相として初めてアイルランドを訪問し，同年12月にはケニー首相が訪日した。それ以後，閣僚レベル

Ⅰ　アイルランドの概要および税務行政

での交流が活発に行われている。2017年に国交樹立60周年を迎え，日愛関係は，良好であるといえる。

1－3－2　貿　　易

2015年のアイルランドから日本への輸出額は8,761億円であり，主な品目は，光学機器，医薬品等となっている。一方，2015年の日本からアイルランドへの輸出額は1,340億円であり，主な品目は，医薬品，自動車等となっている。アイルランドから見れば輸出超過の状態にある[3]。

1－3－3　投　　資

2013年のアイルランドから日本への投資額は△8,545億円，日本からアイルランドへの投資額は△1,053億円となっている[4]。数値がマイナスとなっているのはネットフローによるものであり，資本撤退や投資回収を含むことによる。

1－3－4　取　極　等

アイルランドと日本との間には，査証相互免除取極（1966年），租税条約（1974年），ワーキングホリデー制度に関する取極（2007年）が締結されているほか，2010年12月１日に日本・アイルランド社会保障協定が発効した。これにより，派遣期間が５年以内の一時派遣被用者等は，原則として，派遣元国の年金制度にのみ加入することとなり，また，両国での保険期間を通算してそれぞれの国における年金を受給できることとなった。

1－4　英国・米国との関係

1－4－1　英国との関係

英国とアイルランドとの関係（以下「英愛関係」）は，長期間にわたる支配，被支配の関係であった。

---

(3)　2015年財務省貿易統計（サービス貿易は除く）。
(4)　2015年日銀国際収支統計。

9

アイルランドには，推定5,000年前に構築されたといわれる古墳があり，古い歴史を有している。そして，紀元前300年頃にケルト人がアイルランドにやってきて定住したといわれている。その後，他国の侵略を受け，苦難の道を辿ることとなる。10世紀頃にはバイキングが襲来し，その後，12世紀に英国が進出してきて，700年以上英国の支配下に置かれた。

　英国国教会が，地主であったプロテスタント（英国国教会の信徒ではない）に対して収入の10分の1を納付させる「10分の1税」を課した。小作人であったカトリック系アイルランド人は収穫の大部分を献納せざるを得なかったようである。1919〜1922年に独立戦争が勃発し，アイルランド自由国が誕生し，1949年正式に英連邦から脱退し，アイルランド共和国となる。しかし，北アイルランドは英国に残ることとなる。当時，北アイルランドのベルファストは造船業で潤っており，もし統合すると，経済的な負担を強いられることを嫌ったものと思われる。その後，カトリックとプロテスタントの対立が表面化し，紛争が続いたが，1998年に和平合意がなされ，翌年北アイルランド自治政府が発足した。

　歴史的には因縁のある英愛関係であるが，両国は協調関係をうまく維持しているといえる。もっとも，かつては，輸出入等の面で英国への依存度が高かったが，近年低くなってきており，脱英国化が進展している。また，英国の通貨はポンドであるがアイルランドはユーロ，また英国はEUからの脱退を決定したが，アイルランドはEU重視といったように両国は異なる立場をとっている。さらに，英国のEU離脱を機に，アイルランドは英国に設立された外国企業の子会社をアイルランドに移転させようと虎視眈々と狙っている。

1−4−2　米国との関係

　米国とアイルランドとの関係（以下「米愛関係」）は，アイルランド人の米国移住によって始まったといえる。移住は，大きく二つの段階を経ている。第一段階は，英国の圧政に反発して約100万人が米国に移住したもので，主にカトリックではない人々であった。第二段階は，1845〜1849年にアイルランド

で大飢饉が発生し，食糧難となったことから，約100万人が米国に移住したもので，主にカトリック系の人々であった。その後も移住は続き，米国の建国以前から総計700万人が移住したといわれている。その結果，現在の米国には約4,000万人のアイリッシュ系住民がいるといわれている。そして，アイリッシュ系住民は米国で存在感を増していった。米国の独立戦争において多数のアイリシュ系住民が関与し，独立宣言の署名したアイリシュ系住民も多数いるといわれている。アイリッシュ系住民は各界で頭角を現し，ジョン・F・ケネディ元大統領等を輩出することとなる。

こうしたことから，米国からみるとアイルランドは親近感のある国である。さらに，優遇税制が導入されていること，英語を使用していること，教育水準が高いこと等の要因により，欧州の拠点となる子会社を設立するなど，多くの米国企業がアイルランドに進出することとなった。アイルランドに進出した外国企業の約40％が米国企業だといわれている。一般に米愛関係は良好である。

1－5　アイルランド企業

アイルランドでは，内資企業の多くが中小法人である。大企業は，アイルランド銀行，AIB銀行，航空会社であるエア・リンガスおよびライアン・エア等限られている。

2　租税政策と税務行政

2－1　財　務　省

財務省（Department of Finance）には，財政政策課（Fiscal Policy Division），経済課（Economic Division），金融サービス課（Financial Service Division），EU・国際課（EU and International Division）の4課が設置されている。財政政策課のなかに，租税政策部門（Tax Policy Unit）があり，租税政策の企画

立案を所掌している。

なお,財務省は,年次予算を組み財政法(Finance Act)として公表する重要な機能を有している。

写真2
政府庁舎(財務省等)

2-2 歳入庁

2-2-1 歳入庁の役割

アイルランド歳入庁(Revenue‑Irish Tax and CustomsまたはOffice of the Revenue Commissioners, 以下「歳入庁」)は,1923年に設立され,国内では通常,「Revenue」と呼ばれている。所得税,付加価値税等のほか関税も所掌している。歳入庁の組織のトップとなる歳入委員会(The Board of Commissioners)は,Secretary Generalの地位にある3人のコミッショナーで構成されており,そのうち一人が委員長となる。委員長は,歳入庁会計官(Accounting Officer)を兼務する。歳入庁の役割は,「公正かつ効率的な徴税および関税管理によって社会に貢献すること」となっている。

2-2-2 職　員

全国に110人超のRevenue Officerおよび5,700人超のスタッフが在籍してい

る。ここ数年は，会計学，経済学，法律，データ分析論，情報技術および監査のエリアで専門的技術を有する者を対象に募集しているとのことである。

2-2-3 主要業務
歳入庁の主要業務は租税の賦課徴収であり，憲法，政府およびEUの下にあって，以下の使命を有しているとされている。
・租税の賦課，徴収および管理
・輸出入品に係る関税の執行およびEUのための徴収
・麻薬に関する他国当局との協力および省庁の枠を超えたイニシアティブ
・他省庁のための行政
・Department of Social Protectionのための社会保険料の徴収
・租税に関する政策アドバイス

2-2-4 所掌税目
歳入庁は，所得税，法人税，キャピタル・ゲイン税，資産保有税，地方資産税，付加価値税，印紙税，関税等を所掌する。

写真3
税 関

13

2-2-5 組　　織

　歳入庁の組織は，納税者を基準として構成されている。地方組織は，大規模調査課（Large Cases Division）が所管する大企業や富裕者である個人以外の納税者を所掌し，かつ，管轄内の関税も所掌している。

　歳入庁には，以下のとおり全部で12の課および4の地方組織が設置されている。

① Corporate Services and Accountant General's Division

② Corporate Affairs and Customs Division

③ Information, Communications Technology and Logistics Division

④ Planning Division

⑤ Investigations and Prosecutions Division

⑥ Revenue Solicitors Division

⑦ Collector-General's Division

⑧ International Tax Division

⑨ Personal Taxes Policy and Legislation Division

⑩ Business Taxes Policy and Legislation Division

⑪ Indirect Taxes Policy and Legislation Division

⑫ Large Cases Division

⑬ Border Midlands West Region

⑭ Dublin Region

⑮ East & South East Region

⑯ South West Region

このうち，⑬～⑯は日本の国税局に相当するものと思われる。

2-3　税務行政の現状

　歳入庁が公表している「Annual Report 2015」には，最近のトピックとして以下の項目が報告されている。

Ⅰ　アイルランドの概要および税務行政

(1)　税　収　増

　2015年に，歳入庁は457億9,000万ユーロの税収を得た（2014年比10.6％の増）。これは，過去2番目に最も高い数字である（2007年だけが475億ユーロと最も高かった）。税目別では，法人税が49％増，キャピタル・ゲイン税が28％増，関税が20％増，付加価値税が7％増となっている。

(2)　新 規 施 策

　2015年9月に，歳入庁は，「my Account」をスタートさせた。これは，240万人の給与所得者および地方財産税の納税者のためのオンラインサービスへのアクセスの一つである。

(3)　コンプライアンス向上

　歳入庁は，コンプライアンス向上のためには，よいサービスの提供と強い自発的なコンプライアンスが重要であると認識しているが，少数の納税者がコンプライアンスを遵守していないケースが散見される。

(4)　租 税 回 避

　歳入庁は，租税回避について対処している。2015年度，歳入庁は160件の租税回避事案を処理し，4,200万ユーロを追徴した。

(5)　国 際 課 税

　2015年度，歳入庁は，OECDの「税源浸食と利益移転（Base Erosion and Profit Shifting：BEPS）」プロジェクトに参画し，2015年10月にその最終報告書が公表された。この作業の目的は，二重非課税問題に対処し，多国籍企業については実際に事業が行われている場所において利益に課税されることを確保することである。歳入庁の専門チームが，財務省の担当者と一緒にOECDレベルで作業を行う一方，2015財政法は国別報告書の規則を設け，巨大多国籍企業が世界的に情報を提出するための新しい要件を導入した。

　国際租税課は，以下の業務を所掌している。

・直接税に関してEUとOECD関連業務を所掌
・OECD／G20税源浸食と利益移転（BEPS）プロジェクトへの参画および対応

・アイルランドの租税条約ネットワークの拡張とアップデート
・移転価格課税
・租税条約締結国との相互協議（MAP）と事前確認（APA）交渉
・OECDとEUにおける移転価格方針設定への参画
・情報交換（EOI）協定に従った納税者関連情報の授受

2－4　コンプライアンスの向上

2－4－1　税務調査

　歳入庁は，コンプライアンス向上を図ることを重視している。ノン・コンプライアンスには，無申告から脱税まで幅が広い。歳入庁は，必要に応じて電話照会，実地調査，脱税に対する刑事訴追等を行って対処している。調査の実施に当たり，事案に対して優先度合いを決めている。2015年度，6億4,000万ユーロに上る延滞税および加算税を追徴した。この数値は，2014年度対比で5.3%増である。

　歳入庁は，特定項目調査（Special Investigations）を実施している。これは，1999年に「虚偽の非居住者勘定」を対象として実施されたことから，「伝統的な調査」と呼ばれている。2015年度，68件の調査を実施し，6,360万ユーロを追徴した。累積では，35,000超の事案を処理し，総計28億ユーロの追徴を行った。この16年間に，歳入庁は様々なオフショアを利用して行われた重大な脱税に率先して取り組んできた。

　図表7は，2015年度における特定項目調査の結果（追徴税額，利子，加算金を含む）および1998年から2015年までの間の累積額を示している。件数は，租税債務が生じた処理事案であり，租税債務が生じなかった処理事案は含まれていない。

16

I　アイルランドの概要および税務行政

図表7　特定項目調査の結果（追徴税額，利子，加算金を含む）

（単位：百万ユーロおよび件）

項　　　目	2015年度	1998年以降累積額	総件数
虚偽の非居住者	－	649.07	12,175
オフショア資産	8.22	1,017.31	15,359
信託・オフショア	52.17	117.34	502
生命保険商品	0.05	490.41	5,553
オーストリア関係	－	112.77	143
預金金利保持税	－	225.00	25
特定の個人	2.69	45.76	29
National Irish Bank	－	60.14	312
利　　　子	0.51	90.37	1,258
計	63.64	2,808.17	35,356

（出典：Revenue「Annual Report 2015」Table 17：Special Investigations）

　また，歳入庁は特定業種の調査も実施しており，図表8の表は，2015年度における特定業種調査（Sectoral Audit）の結果（追徴税額，利子，加算金を含

図表8　特定業種調査の結果（2015年度）

（単位：件および百万ユーロ）

業　　　種	調査件数	追徴税額
建設	763	30.0
小売	635	13.6
レンタル	427	21.1
卸売	400	12.2
パブ	228	8.3
レストラン	185	5.6
医師	97	7.8
会計事務所	110	3.9
法律事務所	69	1.6
計	2,914	104.0

（出典：Revenue「Annual Report 2015」Table 18：Summary of Sectoral Audit Results）

17

む）を示している。

２－４－２　Revenue On-Line Service と my Account

(1)　Revenue On-Line Service

　歳入庁では，納税者に対してオンラインによるサービスを提供しており，Revenue On-Line Service（ROS）と呼ばれている。企業，個人事業主，会計士が登録することにより，24時間，所得金額の計算，税務申告，クレディットカードやオンラインバンキングによる納税等を行うことが可能となっている。

(2)　my Account

　歳入庁では，「my Account」制度を導入している。個人納税者が登録すれば源泉徴収制度（Pay As You Earn：PAYE）[5]等に関してオンラインを利用することができる制度である。登録に際しては，個人番号（Personal Public Service Number：PPS）[6]，電話番号，メールアドレスが必要である。

２－４－３　脱 税 防 止

(1)　脱税通報システム

　アイルランドには，「Tax Evasion（Shadow Economy Activity）Report Form」と呼ばれる脱税通報フォームがある。これは，最寄りの税務署へ手紙，電子メール，電話等で情報を提供するのとは異なり，脱税通報フォームに記入しオンラインで税務当局に報告するものである。フォームには以下のような事項が含まれている[7]。

　①　脱税の概要（業種，発生場所，時期等）

　②　脱税者名と所在地

　③　通報者の電話番号

　④　脱税者の年齢

---

(5)　第Ⅱ章４－６－１参照。

(6)　第Ⅱ章４－６－２参照。

(7)　歳入庁HP（Business & Self Assessment →The Shadow Economy）。

⑤ 脱税者が所有する自動車のモデル，色，登録番号

⑥ 脱税者の事業活動

⑦ 脱税しているという証拠

⑧ 脱税者のVAT番号

提供された情報については，税務当局だけではなく，関係する省庁にも回付されることがある。情報に対して通報者に対してフィードバックは行わない。

(2) **不正者リストの公表**

歳入庁は，一定額以上の脱税者，煙草の違法販売者について，実名および住所等を記載した図表9のような不正者リスト（Defaulters List）を四半期ごとに公表している[8]。

図表9　実際のDEFAULTERS LIST

Part 1
List compiled pursuant to Section 1086, Taxes Consolidation Act, 1997, in respect of the period beginning on the 1st of January, 2016 and ending on 31st of March, 2016 of every person upon whom a fine or other penalty was imposed by a Court. Total number of cases published is : 230 Total amount of fines and penalties imposed : € 592,498.00

Name	Address	Occupation	Fine Amount €	Prison Term Imposed	No. of Charges
○○○○ *	△△△△	CONSULTANT	1,250.00		1

FAILURE TO LODGE INCOME TAX RETURN (S)

以下省略

（筆者注：＊のところには実名および現住所が記されている。）

（出典：歳入庁のホームページDefaulters List）

---

(8) 歳入庁HP（Press → Defaulters List）。

2-5 広報・税務コンサルタント

2-5-1 報告書等の公表

　歳入庁は情報の提供には積極的であり，ホームページにおいて，毎年「Annual Report」，「Headline Results」を公表している。このほか，「Statement of Strategy」等多数の報告書が閲覧可能となっている[9]。

　なお，Headline Resultsは，12月末日現在の速報値を公表しており，4月に公表される「Annual Report」において確定値に修正される。Annual Reportに記載されている年度は暦年である。

2-5-2 歳入博物館

　歳入庁は歳入博物館（Revenue Museum）[10]を，観光スポットであるダブリン城内に開設している。入口は目立たないが，ダブリン城を訪れた外国からの観光客も立ち寄ることが可能となっている。展示内容は各税目にわたっているが，印紙税，酒税のほか，歳入庁は関税も所掌していることから，関税関係の資料が多く展示されている。日本では，国税庁税務大学校内に租税資料室が置かれ，租税に関する資料が展示されているが，一般の方が見学しやすいわけではない。これに対して，アイルランドでは，一般の方の見学を前提にしている点で異なる。歳入庁のホームページにおいても歳入博物館が紹介されており，積極的に広報を行っていることが窺える。日本では，国税庁と関税局が別組織となっているが，中心地に共同で租税博物館等を設置することも検討に値する。

---

(9)　歳入庁HP（Home → Press）。

(10)　入場料は無料で，平日の10：00～14：00の間のみ開館しており，土・日および祝日は休館である。

Ⅰ　アイルランドの概要および税務行政

写真4
歳入博物館入口

写真5
歳入博物館内部

2-5-3　税務コンサルタント

　アイルランドには，日本のような税理士制度はなく，弁護士，勅許会計士が税務コンサルタント業務を行っている。会計事務所では，①会計監査，②税務サービス，③法務サービス，④リスク・コンサルティング等の業務を行っており，税務は4本柱の一角を占めている。政府や産業界に対する勅許会計士の影響力が大きいといえる。

　会計事務所については，学生の人気が高く，2015年度の就職したい企業ランキング上位50社のなかに，PwC，Deloitte，KPMG，E&Yの4社がランクインしている[11]。しかも，2社についてはトップ5に入っている。

3　小　　　括

　米愛関係は独特の関係であることから，米国企業にとってアイルランドは進出しやすい国といえ，欧州統括会社等を設立する企業が多い。そして，全世界の租税負担額の最小化を図り，租税回避スキームを利用することとなる。EUがアイルランドに対して米国企業アップル社から巨額の法人税を追徴するよう求めたが，アイルランドおよび米国はその決定に反発しており，現在EU主要国対米愛両国の対立の構図となっている。

　歳入庁は，比較的小規模な組織であり，日本と異なり，税関の組織を有している。全体的に効率的な運営を行っているであろうが，十分な人員が確保されているか否か疑問である。また，特に国際課税の分野での経験が十分ではないとの課題も見られる。

　しかし，執行ポリシーは明確であり，全般的には機能しているといえる。歳入庁は，IT化を進め，納税者サービスの向上を目指している。一方で，コン

---

[11]　"Ireland's 100 Leading Graduate Employers-9th edition 2015／2016".

22

I　アイルランドの概要および税務行政

プライアンスの向上に努め，特に脱税に対しては厳格に対処していることが窺える。パブ，レストラン，建設の各業種に対して調査を行っていることは日本と変わらない。会計事務所および法律事務所が特定業種に含まれていることは興味深い。アイルランドに進出する外国企業にとって，両者は不可欠な存在であり，多額の報酬を得ていることが背景にあるのではないだろうか。なお，脱税通報システムを有し，脱税者を定期的に公表している点は特徴的である。また，今後は，パナマペーパーを分析し，調査に繋げていきたいとAnnual Reportにおいて明言している。

租税制度

1 沿　　革

1-1　間　接　税

　アイルランドにおける間接税は，1177年のPrisage（輸入葡萄酒税）に遡る。同税は，輸入ワインに対して課された。その後，輸出入品に関税が課されることとなり，1662年に正式に関税制度が創設された[12]。1774年，印紙税が導入された。

　1923年，間接税制度が導入され，1924年には税収の約70％を占めるに至った（所得税は24％）。1960年代，酒類，タバコに対する間接税が主要となり，税収の40％はこれらの間接税であった。その後，取引高税，卸売税が相次いで導入されたが，1973年アイルランドがECに加盟した際，取引高税，卸売税は付加価値税（VAT）に変更された。

1-2　所　得　税

　英国では，ナポレオン戦争の戦費を調達するために，1799年に所得税が導入された。当時アイルランドは英国の支配下にあり，通常であれば，アイルランドにも同様の所得税が導入されるところであったが，直ちに導入されなかった[13]。その後，1853年に所得税が導入された[14]。当初は，課税対象金額を高く設定したことから，大多数の国民は納税額が発生せず，納税者数は3％に過ぎなかった。1967年には所得税法が施行されている。

　一方，法人については，所得に対して利潤税が，キャピタル・ゲインに対し

---

[12]　1662年暖炉税，1799年窓税が導入されたが，その後廃止された。

[13]　英国国教会へ「10分の1税」を納付しており，そのうえ所得税を課したら，重税となる。

[14]　1845～1849年アイルランドにおいて大飢饉が発生し，それが収まった時期。

てキャピタル・ゲイン税がそれぞれ課されていたが，1976年法人税法が制定され，法人の所得に課税する法人税に集約された。

1997年，所得税法，法人税法，キャピタル・ゲイン税法を統合した1997年租税統合法（Taxes Consolidation Act：TCA，以下「1997 TCA」）が施行されることとなった。

1－3　キャピタル税

1974年，キャピタル・ゲイン税（Capital Gains Tax：CGT）），キャピタル取得税（Capital Acquisition Tax：CAT），富裕税（Wealth Tax）の3税の導入が提案された。1975年，Capital Gains Tax Actが施行され，個人および法人のキャピタル・ゲインを課税対象とするCGTが導入された。なお，CGTは1997 TCAに統合されることとなる。

1976年，個人の相続および贈与を課税対象とするCATが導入され，2003年，キャピタル取得税統合法（Capital Acquisition Tax Consolidation Act：CATCA）に改編されている。

富裕税は，1975年に導入されたものの1978年には廃止された。

2　租税法の法源

アイルランドにおける租税法の法源は，法令，判例法，EU法等である。

(1)　**法　　令**

主要な租税法は，1997 TCA，CATCA，付加価値税統合法（Value Added Tax Consolidation Act 2010，以下「VATCA」）である。1997 TCAは，所得税，法人税，キャピタル・ゲイン税について規定しており，49のパート，1,104の条文，32の別表から構成されている。

これらの3税以外について各個別税法が規定されており，例えば印紙税に関

しては印紙税統合法（Stamp Duties Consolidation Act 1999（SDCA））が規定
されている。

さらに，財政法（Finance Act）が含まれる。財政法は，予算に関する法令
であるが，租税に関する規定が含まれている。財政法は，毎年制定されるので，
最新の情報を確認する必要がある。なお，以後財政法については，制定年を付
して「1999財政法」等と記載する。

(2) 判 例 法

アイルランドでは，一般的に判例法が適用されており，それは租税について
も同様である。ただし，法令に明文の規定がない場合および解釈上明確でない
場合に限られる。

(3) Ｅ Ｕ 法

アイルランドはEU加盟国であることから，EU法が適用される。また，EU
裁判所の判決にも従うこととなり，1999財政法，2001財政法および2007財政法
においてEU裁判所の判決に基づき税制改正が行われている。さらに，EU指令
（EU Directives）にも従うこととされ，付加価値税に関するEU指令に基づき
1991財政法および1992財政法において税制改正が行われている。

(4) 租 税 条 約

アイルランドが締結した租税条約[15]については下院の承認を必要とし，1997
TCA第826条は租税条約の条文がアイルランド国内で効力を有していることを
規定している。

(5) 歳入庁指針

法的拘束力は有しないが，歳入庁が発遣した歳入庁指針（Revenue Prac-
tice）[16]も特定の分野に関して実質的に法源の性格を有するといえる。

---

[15] 二重課税条約等の表記もあるが，本書では租税条約という。

[16] 税目毎の規則であるStatutory Instruments，注釈であるGuidance Notes等が含ま
れる。

3 法 人 税

法人税の概要は，以下のとおりである[17]。

3-1 概　　要

3-1-1　法人の捉え方

法人税制度を設けるに際し，法人が納付した法人税を株主の前払法人税として捉え，株主に法人税額分の税額控除を認めるインピュテーション方式と，それを認めない伝統的な方式，およびそれらの折衷方式が各国で採用されているが，アイルランドは居住法人について伝統的な方式を採用している[18]。

通常，配当に対して20％の税率により源泉所得税が課される。ただし，配当受領者が，アイルランド居住法人，他のEU加盟国または租税条約締結国の法人あるいは個人である場合には，源泉所得税は課されない。配当受領者が，アイルランド居住の個人である場合には，グロスの配当額が課税所得に含まれ，納付した源泉所得税が税額控除される。

3-1-2　課税対象所得

原則として，居住法人のすべての利益（所得・利得）に対して法人税が課される。なお，税法上「Companies」[19]の用語が用いられているが，本書では「法人」と表記する。

支店等を有する非居住法人については，支店等に帰属する所得，支店等が所

---

[17]　Patric Mulcahy（2016）お よ び 歳 入 庁HP（Taxes & Duties ⇒ Corporation Tax）を参考にした。

[18]　1999年以前はインピュテーション方式を採用していた。

[19]　Companiesの定義は会社法（Companies Act 2014）に従う。

有する資産から生じる所得（利子等）について法人税が課される。支店等を有しない非居住法人が稼得する受動所得については，源泉所得税が課される。ただし，租税条約に異なる規定がある場合はそれに従う。

3－1－3　法人税率

所得の種類により以下の法人税率が適用される[20]。

事業所得（Trading income）12.5％（標準税率）

（ただし土地取引，鉱物石油取引等一部の事業所得については25％）

利子，配当，ロイヤルティ等の投資所得，貸付所得等非事業所得（Non trading income）25％

3－1－4　課税期間

通常は法人の会計年度を用いる。ただし，課税期間は１年を超えてはならない。

3－1－5　免税金額

ある事業年度の法人税額が40,000ユーロ以下の場合は，法人税を納付することが免除される。

3－1－6　キャピタル・ゲイン

土地開発以外のキャピタル・ゲインについては，法人の課税所得に含まれ，一定のフォーミュラに従い税額が計算される。2012財政法改正により，2011年12月７日以降に取引されたキャピタル・ゲインについての税率は25％から30％に変更された。ただし，土地開発による法人のキャピタル・ゲインについては，別途キャピタル・ゲイン税が課され，法人税の課税対象からは除かれる。

---

[20]　法人税率の推移については第Ⅳ章図表23参照。

3-2　法人の居住性

3-2-1　従来の居住性

　居住法人は，国内に送金されたか否かにかかかわらず，その全世界所得に対して課税される。最近まで「居住」について法律上定義がなされていなかったが，判例法により一般に管理支配地がアイルランド国内にある場合は，居住法人とされていた。管理支配地を決定するにあたり，例えば，取締役会の開催場所，取締役の住所，株主総会の開催場所，企業の経営方針が決定される場所，重要な契約の交渉場所等が勘案される。

3-2-2　1999 財政法による居住性の改正

　1999財政法によって，アイルランド国内で設立された法人は居住法人とされることとなった。しかしながら，その規則には多くの例外があり，国内で設立された法人であっても，それが国内において事業を行う関連法人である場合や国内で事業を行う法人と関連を有する場合には，課税上居住法人とはみなされない（「事業基準」）。また，アイルランドで設立された法人であるが，租税条約の規定により居住法人ではないと認められた法人については，居住法人とはみなされない（「条約基準」）。

　関連法人とは，以下の法人のうちいずれかをいう。

① 　EU加盟国またはアイルランドと租税条約を締結している国の居住者によって支配されている法人

② 　主要株主がEU加盟国またはアイルランドと租税条約を締結している国における証券取引所の一つ以上において通常取引されている法人

　なお，1999財政法による改正は，既存の居住性のルールを変更するものではないことに留意する必要がある。管理支配地がアイルランド国内にある法人については，どこで設立された法人であっても，課税上アイルランドの居住法人となる。

3-2-3 2014財政法による居住性の改正

2014財政法によって，従来の管理支配地主義の適用に加え，いずれの国においても居住法人とならない法人（二重非居住法人），すなわち，アイルランド国内で設立された法人で，他国の居住法人に該当しない法人は，課税上アイルランド法人として取り扱うこととなった。なお，この規定は，2015年1月1日以降設立された法人に適用され，それ以前に設立された法人については，2021年1月1日まで適用が猶予される。

この改正は，第V章で詳述するアップル社による租税回避に関してEUから批判されたことにより改正されたものである（もっともアイルランド政府は改正理由について説明していない）。6年間の猶予期間を設けたことは，租税回避を行っている米国企業に配慮したものと思われる。

3-2-4 居住法人でなくなった場合の特例

居住法人ではなくなった法人は，その時点で有するすべての資産を時価で処分したものとして取り扱われる。このことは，当該処分から得られるであろうキャピタル・ゲインについて，未実現でも課税されることを意味する。しかし，当該法人の支店等として引き続き国内で使用される資産や租税条約締結国の居住者によって完全に支配される場合には本条項は適用されない。

3-3 申告および納付

3-3-1 概　　要

1989年10月1日以降終了する事業年度から，法人税に関して「Pay and File」と呼ばれる申告納税制度が導入された[21]。

法人は，以下のように申告および納付する必要がある。

・一定の期限までに予納法人税額を計算し，納付する。そして，算出法人税額との差額を申告日までに納付する。

---

[21] 現在，所得税，法人税，キャピタル・ゲイン税に申告納税制度が導入されている。

・「21／23日ルール[22]」に従い，事業年度終了後8か月と21日以内にオンラインでForm Corporation Tax Return Form（CT 1）および必要であればForm 46Gを申告する。これらのFormに関しては，ウェブサイトから入手できる。

・申告期限までに法人税を納付する。ただし，Revenue's Online Service（ROS）を利用して関連する税を同時に申告納付する法人については，期限が適用月の23日まで延長される。

電子申告および電子納付の規則に従い，法人はROSを利用して申告および納付をしなければならない。

3-3-2　加　算　税

法人が申告期限までに申告しなかった場合には，以下のとおり加算税が課される。

(1)　2か月以内に申告した場合

法人税額の5％（ただし，上限は12,695ユーロ[23]）

(2)　2か月を超えて申告した場合

法人税額の10％（ただし，上限は63,485ユーロ[23]）

3-4　予納法人税

3-4-1　予納法人税の概要

法人（後述の小法人を除く）は，会計年度中の6か月目の23日までに，前年度の法人税額の50％相当額か現年度の予定法人税額の45％のいずれか低い額を予納法人税（Preliminary Corporate Tax）として納付しなくてはならない。

そして，会計年度中の11か月目の23日までに，予納法人税額との合計額が当

---

[22]　歳入庁によると，本来は21日であるが，納税者に配慮して23日まで拡大したとのことである。

[23]　かつては10,000ポンドおよび50,000ポンドであったが，ユーロに加盟した際に相当額である12,695ユーロおよび63,485ユーロとしたものである（歳入庁への照会）。これ以降ユーロ建の数値で端数の付いているものは同様の理由による。

34

該会計年度の法人の予定最終税額の90％以上となるよう納付しなくてはならない。さらに，会計年度終了後の９か月目の23日までに確定法人税額との差額を納付しなくてはならない。

なお，会計年度が７か月未満の場合は，予納法人税を納付する必要はなく，会計年度末に納付する。

３－４－２　小　法　人

前年度の法人税額が200,000ユーロ以下の法人（以下「小法人」）については特例が設けられており，前年度の同一期間の法人税額の100％を予納法人税とすることも可能である。

なお，前年度と現年度の会計期間が異なる場合には，200,000ユーロの基準は調整される。

３－４－３　新 設 法 人

新設法人については，最初の会計年度の見積法人税額が200,000ユーロ以下である場合には，予納法人税を納付することが免除される。

３－４－４　不納付の場合の利子税

もし，法人が期限までに予納法人税を納付しなかった，または，予納法人税額が過少となっていた場合には，年率８％（１日当たり0.0219％）の利子税が課される。

３－５　課税所得の計算

課税所得の計算に当たり，一般的に公正妥当な会計処理基準[24]に従うとされている。そうして得られた利益に対して税務調整を行うこととなる。

---

[24]　従来の会計原則のほか，International Financial Reporting Standards（IFRS）等も含まれる。

3-5-1 益　　金

　一般に収益が益金となるが，法人がアイルランド居住法人から受領した配当およびその他の利益の分配は，益金に算入されない。

　また，2011財政法では，一定のロイヤルティ収入については益金不算入となっている。

3-5-2 損　　金

　一般に，収益にかかる事業目的の費用，認定された団体に対する寄附金，事業に供する前の費用，支払利子（配当とみなされる利子以外のもの），支払ロイヤルティ，源泉所得税については，損金に算入することが認められる。交際費，資本取引に係る支出については損金に算入されない。

　なお，以下のような取扱いがあり，留意する必要がある。

① **オーナー経営者の給与および個人的費用**

　アイルランド法人の多くはオーナー経営者が経営する小法人である。その場合，取締役に支払う給与については，妥当な金額について損金に算入される。また，自宅兼事務所となっている場合には，光熱費等の共通費用について法人分と個人分に按分される。

② **配　　当**

　配当およびその他の利益の分配は，一定の利子を含め，損金に算入されない。配当には，通常の配当のほか，特別配当，転換社債の利子，株主に対する資産の低廉譲渡，小規模法人に対する課税の特例（Close company legislation）が適用される取引が含まれる。

　アイルランド法人からの配当およびその他の利益の分配は，一定の非居住者または一部の例外を除いて配当に対して源泉所得税が課される。アイルランド法人から他のアイルランド法人に支払われた配当については法人税が課されない。

③ **特定資産の取得費用**

　会計年度の末日に事業の用に供している工場，機械等特定資産の取得費用の

償却（キャピタルアロウワンス，Capital Allowance）については，12.5％の定額法を用いて損金に算入される。企業会計目的に計算された減価償却費は損金に算入されない。省エネに関する資産について，別途規定が設けられている。

３－５－３　事業損失と譲渡損失

　事業所得と非事業所得では法人税率が異なることから，損失が発生した場合の処理が若干複雑になっている。損失について，その発生によって，事業損失と譲渡損失（キャピタルロス）に区分される。

⑴　事 業 損 失

　ある事業で生じた損失額は，同一事業年度において関連する他の事業から得られた利益と相殺することが認められているが，税率の異なる非事業所得と相殺することは認められない。同一事業年度において相殺できなかった額は直前事業年度の事業所得と相殺することが認められる。それでも，相殺できなかった場合は，現年度の非事業所得に係る法人税額から相殺する（控除額＝事業損失額×非事業所得に係る法人税率）。事業所得に係る法人税率と非事業所得に係る法人税率が異なることから，このような取扱いとなっている。相殺できなかった損失額は後続年度に繰り越すことが認められている。なお，期限後申告の場合は，損失の相殺が制限される。

⑵　譲 渡 損 失

　開発土地以外に係る譲渡損失について，現年度の利益（開発土地に係る譲渡益を除く）と相殺するか，相殺できなかった損失額は翌年度に繰り越し，同年度の利益（開発土地に係る譲渡益を除く）と相殺することが認められている。

　一方，開発土地に係る譲渡損失については，現年度の利益と相殺するか，相殺できなかった損失額は翌年度に繰り越し，同年度のすべての利益と相殺することが認められている。

３－５－４　期限後申告の場合の制限

　損失の相殺を行う法人が期限内に申告を怠った場合（すなわち期限後申告の

場合），相殺に制限が加えられる。

(1)　2か月以内に申告した場合

　相殺しようする損失額から25％が減額される（ただし，上限は31,740ユーロ）。

(2)　2か月を超えて申告した場合

　相殺しようする損失額から50％が減額される（ただし，上限は158,715ユーロ）。

3－6　知的財産に関する優遇措置

3－6－1　Knowledge Development Box

　2015年，知的財産から生じた所得に関する優遇措置である知的財産開発ボックス（Knowledge Development Box：KDB）が導入された[25]。これは，アイルランドで研究開発を行った法人がそれによって取得した知的財産から生じた特定の所得の50％を課税所得から控除する，すなわち50％のみ益金に算入するもので，通常12.5％の法人税率が適用されるところ，それについては実質的な法人税率が6.25％となる制度である。導入後日が浅いことからどの程度の利用状況かは不明であるが，研究開発を行う法人にとってはアイルランド進出の要因となる。

3－6－2　研究開発費控除

　法人がアイルランド国内で事業を行い，研究開発活動を行っている場合は，研究開発費（Research and development expenditure）の損金算入に加え，法人が支出した一定の研究開発費の25％を法人税額から税額控除することが認められている。ただし，研究開発費は，科学技術分野に限られる。研究開発費控除は，支出日から1年以内に申告書において行わなければならない。

　2014年度以前は，各年度の研究開発費の額から2003年度の研究開発費を控除した後の金額に対して25％とされていた（これを「基準年度調整」という）が，

_____

(25)　英国のパテントボックス税制を意識したものと思われる。

2015年1月1日以降は，基準年度調整は行わないこととなった。

　事業開始前に支払った研究開発費について，欧州経済地域（European Economic Area：EEA）にある大学に支払った場合，研究開発費総額の5％か100,000ユーロのうちいずれか多い額を上限として，また，第三者に支払った場合，研究開発費総額の15％か100,000ユーロのうちいずれか多い額を上限として，税額控除することが認められている。

　なお，支払ロイヤルティは税額控除対象とはならない。また，研究開発用建物の取得費は研究開発費控除の対象とならないが，一定の研究開発目的の工場，機械等の資産の取得費は控除の対象となる（土地の購入費用は除かれる）。建物について，別途規定が設けられており，4事業年度以上にわたって，総稼働時間数の35％以上を研究開発活動に充てられている場合には，当該建物関連支出額の25％を税額控除することが認められている。ただし，10年以内に当該資産を譲渡または使用を中止した場合には，遡及して控除が否認される。

　グループ法人の場合，グループ単位で研究開発費控除を行うことが認められている。

3－7　グループ法人の課税の特例

　一定の条件の下に，①ある法人に生じた損失をグループの他法人の所得から控除できること，②グループ法人間で支払う利子等について源泉徴収が免除されること，③グループ法人間での資産譲渡に関して所得が発生しないこと，が規定されている。

3－7－1　グループ法人の定義

　グループ法人とは，以下の二つの条件に合致する法人である。

①　株式所有

　株式の保有状況が以下のいずれかに該当すること

・ある法人が子会社の75％以上の株式を直接または間接に保有されている（親子関係）

39

・複数の子会社が親会社に75%以上の株式を直接または間接に保有されている（兄弟関係）

② 居 住 性

以下の条件の一つに合致する法人であること[26]

・アイルランド居住法人で，アイルランド居住法人に75%以上の株式を所有されている法人

・アイルランド居住法人で，EUまたEEA居住法人に75%以上の株式を所有されている法人

・EUまたはEEA居住法人のアイルランド支店

３－７－２　損失の相殺

同一法人において相殺できなかった損失について，現年度に発生した事業損失に限り，グループ内の他法人の現年度の所得から控除することが認められる。損失が生じた法人を損失発生法人（Surrendering company），控除する法人を申告法人（Claimant company）という。以前は，アイルランド非居住法人の損失をアイルランド居住法人の所得から控除することは認められていなかったが，現在では一定の条件の下に，控除することが認められる。

控除しきれなかった損失額については，申告法人の受動所得から税額控除（控除額＝事業損失額×非事業所得に係る法人税率）として控除することが認められている[27]。

３－７－３　期限後申告の場合の特例

損失の控除を行う申告法人が期限内に申告を怠った場合（すなわち期限後申告の場合），相殺に制限が加えられる。

⑴　２か月以内に申告した場合

控除しようする損失額から25%が減額される（ただし，上限は31,740ユーロ）。

---

[26]　かつてはアイルランド居住法人に限られていた。

[27]　３－５－３に規定する損失額に係る税額控除と同様。

(2)　2か月を超えて申告した場合

　控除しようする損失額から50％が減額される（ただし，上限は158,715ユーロ）。

3－7－4　グループ法人間で支払う利子等について源泉徴収免除

　通常，法人が利子，ロイヤルティ等の受動所得を受領する際，20％の税率により所得税が源泉徴収される。しかし，一定のグループ法人から受領する場合は，源泉徴収が免除される。グループ法人の要件は，以下のとおりである。

　　①　グループ法人は，EUまたは租税条約を締結しているEEA居住法人であること

　　②　支払う法人は，受領する法人によって51％以上株式を所有されていること，または，双方の法人がEUまたはEEA居住法人によって51％以上株式を所有されていること，または企業連合となっていること

3－7－5　グループ法人間での資産譲渡

　親会社と親会社が75％以上株式を保有する子会社とのグループ法人間における資産（開発用土地を除く）の譲渡については，譲渡損益が発生しない価格で譲渡されたものとして取り扱われると規定されており，すなわち所得が発生しないこととなる。

3－8　その他の課税の特例

3－8－1　Close Companyに係る課税の特例

　アイルランド居住法人の大多数は，「Close Company」と呼ばれる資本金1～2,000ユーロの同族経営による小法人である。そこで，オーナー経営者が，租税回避を行うことを阻止し，所得税と法人税の開差を埋めるべく一定の小法人について課税の特例が設けられている。

　Close Companyとは，アイルランド居住法人であり，5人以下の参加者による法人または人数制限のない取締役によって経営されている法人である。参加

者とは，株主，貸付者等当該法人の所得または資本に関与する者をいう。

1997TCAに，以下の取扱いが規定されている。

① 参加者や関連者に一定の利益供与や支払いを行った場合は配当とみなされる。

② 取締役や関連者に対して一定の率を超える利子を支払った場合は配当とみなされる。

③ 参加者や関連者に対する貸付けについて，法人はグロスアップした金額に対して所得税（税率20％）を徴収しなくてはならず，グロスアップした金額が受領者の所得となる。

④ Close companyの留保利益について，20％または15％のサーチャージが課される。これは，法人税率（12.5％または20％）と所得税率（最高55％）との格差を考慮したものである。

3－8－2　新設法人に係る課税の特例

新設法人について，年間の法人税額が40,000ユーロ以下であること等一定の条件の下に，3年間まで法人税が免除される。

4　所　得　税

4－1　概　　要

原則として，個人，パートナーシップ，および人格なき社団に生じたすべての所得に対して所得税（Income tax）が課される[28]。所得税の最も一般的な形態は，雇用者によって支払われた給与から源泉徴収を行う制度であるPay As You Earn：PAYEである。自営業者およびPAYEの対象とならない所得を有

---

[28] 法人であっても，一定の所得について所得税が源泉徴収される。

する者は確定申告を要する。

4－1－1　課税年度

　課税年度は，暦年すなわち1月1日から12月31日までの1年間となっている[29]。

4－1－2　所得の区分

　所得は図表10のように区分され，申告に当たって各々の別表が用いられる。しかし，一部の別表は廃止されており，実際には，Schedule D，Schedule E，Schedule Fが使用されている。

図表10　所得区分と別表

別　　表		内　　　　　容
（Schedule A）		廃止
（Schedule B）		廃止
（Schedule C）		金融機関が使用するもので一般的でない
Schedule D	Case Ⅰ	事業所得
	Case Ⅱ	自由職業所得
	Case Ⅲ	投資所得等
	Case Ⅳ	利子（アイルランド国内源泉），国外投資所得，損害賠償金，他の項目に含まれない雑所得
	Case Ⅴ	国内資産の賃貸所得
Schedule E		国内において支払われた給与，役員報酬
Schedule F		アイルランド居住法人からの配当所得

（筆者注：Schedule Aは資産の賃貸所得に係る別表であったが，また，Schedule Bは農業所得に係る別表であったが，双方とも1969年に廃止された。）
（出典：Patrick Mulcahy"Irish Taxation：Law and Practice 2016／2017"を基に筆者作成）

---

[29]　2001年以前は，4月6日から翌年4月5日までとなっていた。これは，英国がアイルランドを支配していた時代に規定されたものを独立後も継続していたからである（歳入庁への照会）。

4－1－3　免税所得

一定の条件の下，以下の所得等については所得税が免除される。

① 　一定のアーティストが得る50,000ユーロまでの所得

② 　一定の森林から得られる所得

③ 　一定の個人的障害に係る損害賠償金

④ 　一定の外国年金

⑤ 　宝くじの当選金

アーティストとは，作家，役者，音楽家，画家，彫刻家をいい，アイルランドの居住者，通常の居住者，住居を有する者またはEU・EEA内の居住者でなくてはならない。ただし，免除を受けるためには，申請書を提出する必要がある。

一定の森林から得られる所得とは，事業目的に保有する森林から生じる所得であり，当該所得からの配当についても所得税が免除される。

4－2　課税対象所得と居住性

4－2－1　課税対象所得

以下の個人については，源泉地にかかわらず全世界所得が課税対象とされる。

① 　居住者（Resident）

② 　通常の居住者（Ordinarily resident）[30]

③ 　住居（Domicile）を有する者[31]

非居住者については，国内源泉所得が課税対象とされる。非居住者であるが，通常の居住者に該当する者に係る国外所得で3,810ユーロ超の所得については課税対象とされるが，租税条約で別途規定されている場合はそれによる。

---

[30] 　「通常の居住者」については，4－2－2参照。

[31] 　住居とは，租税法の概念ではなく，一般法の概念である。アイルランド国籍を有しているか，国内に永住する意図を有して居住することをいう。個人は，必ず住居を有するものとされるが，同時に複数の住居を有することは認められない。

　　住居を有する一定の高額所得者については，所得税のほか住居税（Domicile Levy）が課される。

これをまとめると図表11のとおりである。

図表11　区分毎の課税対象所得

区　　　分		課　税　対　象　所　得
居住者	居住者，かつ，通常の居住者，かつ，住居を有する者	全世界所得
	居住者，かつ，住居を有する者であるが，通常の居住者に該当しない者	全世界所得
	居住者，かつ，通常の居住者に該当するが，住居を有する者に該当しない者	国内源泉所得および国内に送金された国外源泉所得
非居住者	非居住者のうち通常の居住者，住居を有する者に該当する者	全世界所得 ただし，以下に掲げるものは除く。 ① 国外で生じた事業所得，自由職業所得，給与所得 ② 上記以外の国外源泉所得で3,810ユーロ以下の所得
	非居住者のうち通常の居住者に該当するが，住居を有する者に該当しない者	国内源泉所得および国内に送金された国外源泉所得 ただし，以下に掲げるものは除く。 ① 国外で生じた事業所得，自由職業所得，給与所得 ② 上記以外の国外源泉所得で3,810ユーロ以下の所得
	非居住者のうち，通常の居住者，住居を有する者に該当しない者	国内源泉所得および国内で生じた事業所得，自由職業所得，給与所得

（出典：Patrick Mulcahy"Irish Taxation：Law and Practice 2016／2017"を基に筆者作成）

　アイルランド市民である非居住者，かつてアイルランドの居住者であったが健康上の理由により現在他国の居住者となっている者については，減免措置が適用される。なお，EU加盟国の居住者や租税条約締結相手国の居住者についても同様の減免措置が適用される。

　国外に住居を有するが，アイルランドの居住者に該当する者については，国

外所得のうちアイルランド国内に送金された部分について課税対象とされる。

2012年度から2017年度の間に，アイルランドの居住者が一定の国において多くの時間を費やして業務に従事したことにより得た所得については，その一部について所得税が免除される。一定の国とは，ブラジル，ロシア，インド，中国，または南アフリカを指し，2013年1月1日以降は，エジプト，アルジェリア，セネガル，タンザニア，ケニア，ナイジェリア，ガーナ，コンゴ民主共和国が含まれている。また，2015年1月1日以降は，日本，シンガポール，韓国，サウジアラビア，アラブ首長国連邦，カタール，バーレーン，インドネシア，ベトナム，タイ，チリ，オマーン，クウェート，メキシコ，およびマレーシアが含まれている。

パートナーシップ自体は所得税が課税されず，各出資者の持分に応じて出資者個人に所得税が課される。人格なき社団については，原則として標準税率により所得税が課税される。欧州経済利益グループ（European Economic Interest Grouping：EEIG)[32]については，課税上パートナーシップと同様に取り扱われる。EEIGの各メンバーは，その所得のうちの各自の持分に応じて所得税が課税される。

4-2-2 居 住 性

課税年度を通じて，アイルランド国内に183日以上滞在するか，当該年度とその前年度においてアイルランド国内に合計280日滞在する者は居住者とみなされる（「2年テスト」）。ただし，ある課税年度に30日を超えてアイルランド国内に滞在しなかった個人については，2年テストは適用されない。

3期連続した課税年度において，アイルランドに居住している個人は，第4課税年度の当初からアイルランドの「通常の居住者」となる。また，アイルランドで通常の居住者であった個人が，3期連続した課税年度の最終年度において居住性を有しない場合は，居住者に該当しない。

---

(32) EC内企業の相互協力を推進するため設立される法的協力機関。

Ⅱ　租税制度

4－3　給与所得

給与所得については，4－6に記載しているとおり源泉徴収制度が設けられているが，以下のような特徴がある。

4－3－1　給与所得者の必要経費

細分化された職種により1年間に控除が認められる必要経費額が設定されている。例えば，RTEオーケストラの楽団員が2,476ユーロ，病院勤務医およびコンサルタントが695ユーロ，大学教授が608ユーロ，バスの運転手が160ユーロ，航空会社の乗務員が64ユーロ，等となっている。これらの金額は歳入庁が一方的に決定するのではなく，歳入庁と各職種の労働組合との協議によって決定される。

4－3－2　従業員への支払いに係る課税

・週間，月間，年間にかかわらず従業員に支払われた渡切費用は，課税対象とされる。

・従業員に支払われた食事手当は，課税対象とされる。また，従業員に食券を支給した場合も課税対象とされる。ただし，日常社員食堂で提供される食事については課税対象とされない。

・職務を遂行するために必要となる妥当な支払いは，給与として課税対象とされない。ただし，通勤手当は給与として課税対象とされる。

・従業員が自家用車を職務で使用した場合に支払われる渡切の費用は，給与として課税対象とされる。

・渡切の生活費手当は，給与として課税対象とされる。

4－3－3　経済的利益

給与総額が1,905ユーロ以上の従業員が，企業所有の自動車の利用，宿舎の利用，低利貸付等雇用者から得る経済的利益については，原則として所得税の

47

課税対象とされる。また，従業員だけでなく従業員の家族に提供された経済的利益も含まれる。なお，取締役の場合は，報酬額にかかわらずすべての経済的利益については，所得税の課税対象とされる。

4－4 課税所得および税額の計算

4－4－1 課税所得

　所得の区分ごとに総所得金額を算出し，その後各所得の総所得金額を合算して合計所得金額を算出することによって課税所得金額を算出する。詳細な規定が設けられているが，本書では省略する。

4－4－2 税 率

　2016年の税率は，以下のとおりとなっている。
　　標準税率　20％
　　超過税率　40％
　標準税率が適用される所得金額は，独身者，既婚者等個人の状況によって異なるので留意する必要がある。それを超える部分に対して超過税率が適用される。

4－4－3 税額控除

　納税者は，税額控除を受けることができる。税額控除分については還付されないが，課税年度内であれば，週または月単位で税額控除できなかった部分を翌支払期間に繰り越すことが認められる。税額控除には，既婚者控除，パートナー控除，年齢控除，扶養控除，寡婦（寡夫）控除，従業員源泉所得税（PAYE）控除，支払家賃控除等が認められている。
　源泉徴収された所得税は，算出税額から控除される。もし，控除しきれない場合は，還付される。

Ⅱ 租税制度

4－5 申　　告

申告に関しては法人税同様「Pay and File」と呼ばれる申告納税制度が導入
されている。

4－5－1　申告を要する者

以下に該当する場合は，申告を要する。

①　自営業者

②　PAYEによって課税されていない以下の所得を有する者

　　賃貸所得，投資所得，国外所得および国外年金，離婚に係る生活費，
PAYE対象外所得，オプションや株式から生じる利益

4－5－2　申告期限および納付期限

申告期限および納付期限は，10月31日となっている。

4－5－3　登　　録

申告に当たり，所定の様式（FormTR 1）を用いて納税者登録を要する。

4－5－4　期限後申告の場合の加算税

個人が申告期限までに申告を行わなかった場合には，以下のとおり加算税が
課される[33]。

①　2か月以内に申告した場合

　　所得税額の5％（ただし，上限は12,695ユーロ）

②　2か月を超えて申告した場合

　　所得税額の10％（ただし，上限は63,485ユーロ）

---

[33]　期間の基準は法人税と同様。

49

4－6　源泉徴収制度

4－6－1　Pay As You Earn 制度

　アイルランドには，企業が給与所得者に対し給与や年金を支払う際に，所得税や社会保険料を源泉徴収する「Pay As You Earn（PAYE）」と呼ばれる制度がある。社会保険料には，Pay-related Social Insurance（PRSI）とUniversal Social Charge（USC）があり，前者は所得の一定割合を，後者はフリンジベネフィットを含めた総所得の一定割合を，各々雇用主が源泉徴収するものである。総所得が一定額を下回る場合は，USCが免除される。

4－6－2　登　　録

　PAYEが適用されるためには，給与所得者が最初に雇用された際に，所得税に関する登録を行う必要がある。Personal Public Service Number（PPS）と呼ばれる個人番号を入手し,Form 12A（Application for a Certificate of Tax Credits and Standard Rate Cut-Off Point）に必要事項を記入して税務当局に提出する。その後，税務当局から，個人に税額控除額，税率が記されたTax Credit Certificate（TCC）と呼ばれる証票が交付される。また，雇用主に対しても同様な証票が交付される。なお，最初に支払われる給与から源泉徴収される。

4－6－3　税 額 控 除

　税額控除には，基礎税額控除，片親子供扶養税額控除，PAYE税額控除，扶養税額控除，老年者税額控除，親戚扶養税額控除がある。

4－6－4　計 算 例

　独身者で年間給与総額33,800ユーロ（週給換算額650ユーロ）の給与所得者が週700ユーロの給与を得た場合の税額計算は，以下のとおりである[34]。

---

(34)　歳入庁HPを基に筆者作成。

① 税率　標準税率：20％，超過税率：40％
② 税額控除　年間3,300ユーロ（基礎税額控除1,650ユーロ＋PAYE税額控除1,650ユーロ）週換算額　63.46ユーロ（3,300／52週）
③ 週給支払額　700ユーロ
④ 源泉所得税計算
　　算出源泉所得税（週）
　　　標準税率適用分　650×20％＝130.00ユーロ
　　　超過税率適用分　 50×40％＝ 20.00ユーロ
　　　　　計　　　　　　　　　　150.00ユーロ
⑤ 税額控除（週換算額）　　　　 63.46ユーロ
⑥ 納付源泉所得税額（週）　　　 86.54ユーロ（④－⑤）

5　その他の税

法人税，所得税以外に多数の税目があるが，主なものは以下のとおりである。

5－1　キャピタル・ゲイン税

キャピタル・ゲイン税（Capital Gains Tax：CGT）は，1974年4月6日以降に生じたキャピタル・ゲインに対して課される。近年税率が引き上げられてきており，譲渡日によって以下のとおり税率が異なる。

　　　2012年12月6日〜　　　　　　　　33％
　　　2011年12月7日〜2012年12月5日　 30％
　　　2009年4月8日〜2011年12月6日　　25％
　　　2008年10月15日〜2009年4月7日　 22％
　　　〜2008年10月14日　　　　　　　　20％

個人の年間キャピタル・ゲインが1,270ユーロ以下の場合，本税は免除され

51

る。

　キャピタル・ゲイン税については，1997TCA第414A条以降，キャピタル・ゲインの取得者に申告義務が課されているが，2013年改正によって譲受人や代理人についても申告をすることが義務付けられた。もし，無申告の場合は，加算税が課される。

５－２　専門的サービス源泉所得税

　医師，建築士，弁護士，会計士等のプロフェッショナルに報酬を支払う際に20％の源泉所得税を徴収する専門的サービス源泉所得税（Professional Service Withholding Tax：PSWT）と呼ばれる制度が設けられている。すでにPAYEまたは建設業者に対する課税減免計画によってカバーされた支払いには適用されない。また，本税は一定の条件の下で開業医によって提供されたサービス料をカバーするための保険契約に関して健康保険業者によって行われた支払いにも適用される。本税は付加価値税を含めた金額に課される。

５－３　フィルム源泉所得税

　2014財政法（No.2）第25条において，フィルム税額控除の資格を得る法人によってなされた支払いについてフィルム源泉所得税（Film Withholding Tax：FWT）と呼ばれる源泉徴収を行う規定が導入された。

　FWTは，アイルランド国内で映画とテレビ番組を制作する法人が，それに出演するためにEU／EEA域外から来た非居住芸能人に対して報酬を支払った際に20％の税率で源泉徴収する所得税である。ただし，租税条約において国内法と異なる規定がある場合は，租税条約の規定に従う。源泉徴収を行わなかった場合は，最大5,000ユーロの加算税が課される。

５－４　預金金利保持税

　預金金利保持税（Deposit Interest Retention Tax：DIRT）は，金融機関から預金者に支払われる利子から源泉徴収される税である。ただし，非居住者に

よって実質的に所有される預金，法人税の課税対象となる法人が所有する預金，歳入庁が認めた年金スキームの預金，非課税の慈善団体の預金にかかる利子については免除される。また，65歳以上の個人については預金金利保持税が還付される。

税率は，2014年1月1日以降41％であるが，以下のとおり引き上げられてきた。

2013年1月1日～2013年12月31日	33％
2012年1月1日～2012年12月31日	30％
2011年1月1日～2011年12月31日	27％
2009年4月8日～2010年12月31日	25％
2009年1月1日～2009年4月7日	23％
2002年1月1日～2008年12月31日	20％

5-5　配当源泉所得税

原則として，アイルランド居住法人によって支払われる配当等については配当源泉所得税（Dividend Withholding Tax）が課される。アイルランドの個人株主については，総額に対して配当源泉所得税が課されるが，当該税額については納付する所得税額から控除される。また，控除しきれない場合は，還付される。なお，アイルランド法人を経由して支払われた配当については租税条約の規定に従う。

5-6　付加価値税

付加価値税（Value Added Tax：VAT）は，事業者が国内において顧客に販売する商品や提供するサービスについて，各段階において課される。EU加盟国以外の国からの輸入品も含まれる。ただし，郵便，医療，教育，金融，保険，金投資，宝くじ，賃貸料等についてはVATが課されない。事業者は，売上に係るVATから仕入に係るVATを控除した額を納付し，最終的には消費者がVATを負担することとなる。

2015年1月以降，基本税率は23％であり，一般的な軽減税率は13.5％となっているが，品目によって異なる税率[35]が適用されている。

6　一般的租税回避否認規定

6－1　概　　要

1989財政法に基づき，1987TCA第811条および第811A条として一般的租税回避否認規定（General Anti-Avoidance Rule：GAAR）が導入された。1989財政法に係るメモランダムでは，意図的に租税を回避し，または税額を軽減するために必要のない取引を行う租税回避行為に対処するために第811条が設けられたと説明されている。

しかし，突如一般的租税回避否認規定が規定されたわけではなく，1989年以前であっても，租税回避行為を否認した事例があり，また，Schedule Fの課税回避（817条），資産の海外移転（806条）といった租税回避否認規定が設けられている。

一般的租税回避否認規定は，租税を回避し，または，税額控除を増加する取引について否認するものであるとし，第811条の適用に際し，まず本条が適用される租税回避取引かそれ以外の取引かを区別することが必要とされる[36]。

租税回避行為について，歳入庁が租税優遇を撤回するか否認するための必要な措置を講ずることを認めている。

6－2　条　　文

6－2－1　1987 TCA 第811条

1987 TCA第811条は，用語の定義を規定しており，その一部は以下のとお

---

[35]　4.8％,5.2％,　9％.

[36]　Tom Magiure（2014）p.5.

54

りである。

(1) 対象税目

所得税，法人税，キャピタル・ゲイン税，キャピタル取得税，付加価値税，印紙税の各税法（統合法を含む）および租税条約を対象とする。

(2) 租税回避取引

租税回避取引とは，①結果として租税回避をもたらす取引，②租税回避のための手段となる取引，③租税回避を達成（一部であれ）できたであろう手段となる取引，であるとしている。なお，6－3で言及しているとおり歳入庁がこれを補完している。

6－2－2　1987 TCA 第 811 A 条

1987 TCA第811A条は，租税回避取引に該当する可能性がある場合のディスクローズについて規定している。一旦歳入庁が租税回避取引に該当するとの決定をくだした後では，納税者はこの手続きを行うことは認められない。

さらに，本条は，ディスクローズをせずに，租税回避取引と決定された場合の加算税についても規定しており，租税回避取引に対して20％（2008年以前は10％）の加算税が課される。

6－3　歳入庁が租税回避行為と認める行為

歳入庁は，租税回避とは，意図していなくとも租税優遇措置を利用する，または，たとえ当初の目的はそうでなくとも租税優遇措置の適用を得るために取引の形態や構造を変更することであると説明している[37]。また，歳入庁は，納税者に対し，アドバイザー（スキームのプロモーター，マーケターを含む）が，適正な方法によりアドバイスを与えているかどうか，または，租税回避スキームを購入させているかどうかを考慮するよう注意喚起している。

そして，租税回避行為に該当するか否か，納税者自身が以下の項目を検討す

---

[37]　歳入庁HP（Business & Self Assessment → Tax Avoidance）。

るよう求めている。

① 租税の特典は，実際の経済的リスクに比べて不釣合であるか，過度でないか。

② スキームの構造，取引，それらの背後にある商業上の理由を理解することができるか。

③ 本来の事業目的からみて，構造が非常に複雑であるか，作為的でないか。

④ 頭金方式，成功報酬方式，対価が別途請求されるのではなく取引の中に含まれている方式，租税軽減額の一定割合が対価となっている方式等支払いが異常でないか。

⑤ 請求されている対価は，通常の取引で考えられる額よりも極めて高くないか。

⑥ 取引に次のような異常項目がないか。

　・キャッシュの循環

　・銀行秘密を持つタックス・ヘイブン国や地域の利用

　・オフショア企業またはトラスト

　また，これらの点について合理的な事業理由があるか。

⑦ スキームを提供するアドバイザーは，文書を提供しないなどの異常な秘密主義ではなか。

⑧ アドバイスを行っているアドバイザーは，連絡を取ることに消極的か，通常の会計士またはビジネスアドバイザーに説明することに消極的ではないか。

⑨ 歳入庁がスキームを把握したならば，歳入庁が対処すると思うか。

⑩ プロモーターは歳入庁が問題としている構造に対して保険を提供したか。

　上記の質問リストはすべてではないが，このうちいくつかに当てはまるようであったら，歳入庁は納税者が租税回避行為を行っているか，行おうとしていると判断するであろうと説明している。

Ⅱ　租税制度

6－4　納税者のディスクローズ

　納税者は租税回避行為を行っていないと考えるが，歳入庁は納税者が租税回避行為を行っているとの結論に達する可能性がある場合には，納税者は，1997 TCA第811D条の規定に従い，フォームPN 1 Protective Notificationsという通知書を提出することができる[38]。

　Protective Notificationsとは，納税者によって行われた取引に関連して歳入庁に提出される通知書である。歳入庁は，もし納税者が合理的と考えるが，GAARの規定に従い租税回避行為に該当する取引を行うならば，納税者は確定申告書を提出する際，租税優遇措置を適用すべきでないと忠告している。

7　小　　括

　各租税法が規定する内容は多岐にわたり，大量であることから，本書では，所得税，法人税を中心として概要のみに言及した。

⑴　法　人　税

　居住性に関して，本店所在地，設立準拠法に基づき居住性を判定する国が多数を占めるなか，アイルランドは英国同様管理支配地主義を採用してきた。しかし，米国企業がその制度を利用して二重非居住法人となる租税スキームを採用したことから，従来の規定を修正し，二重非居住法人を排除せざるをえなくなった。もっとも，経過措置が採られるなど米国企業への配慮がなされている。

　アイルランドにおける法人税率の推移および主なEU諸国との法人税率の比較については第Ⅳ章で言及するが，アイルランドへの企業誘致の大きな誘因となっている。

⑶　本制度は，2014年10月23日から適用されている。

57

多国籍企業にとって知的財産に係る法人税法上の取扱いについては重要であり，進出に当たって検討項目となっている。アイルランドは，以前から設けられていた研究開発費控除に加え，2015年にKDBを導入し，知的財産から生じる所得に係る優遇措置を設け，外国企業の誘致を促進することを図っている。

　加算税の上限額が中途半端な数値であり，何故このようになっているか疑問に思い，歳入庁に照会したところ，回答を得られ，かつてポンドで規定されていたところ，ユーロに加盟したことから，相当額に換算し，中途半端となった次第であることが判明した。

(2) 所　得　税

　2001年以前は所得税の課税年度が4月6日から翌年4月5日までの1年間と中途半端な期間であったが，現在は暦年となっている。

　作家等一定のアーティストの所得について50,000ユーロまで免税となっている点が，いかにもアイルランドらしいといえる。約400万人の人口に対して，ノーベル文学賞受賞者が4人（ウィリアム・B・イェーツ，バーナード・ショー，サミュエル・ベケット，シェーマス・ヒーニー），さらには，多くの有名な作家（ジョナサン・スイフト，オスカー・ワイルド，ジェームス・ジョイス等）がいることから，アーティストが優遇されるのであろうか。

(3) その他の租税

　ここではVAT等について割愛したが，アイルランド国内では関心が持たれている。

国 際 課 税

1　国際租税戦略

　アイルランドは，税務当局としての国際租税戦略を明確に打ち出している。キーワードは，「openness」である[39]。これは，アイルランドがビジネスに対してオープンの立場にあり，国を挙げて外資導入を図っていることに由来する。国際租税戦略において，低い法人税率による税収減よりも，雇用の確保を優先することを明確にしている。

　一方，EUおよびOECDとの協調を掲げ，米国とはFATCA協定を締結するなど，他国との協調および連帯を強調している。このほか，発展途上国への税務支援を表明している。

　特徴的なことは，国際税務憲章を定め，これをホームページに公表していることである。

2　租　税　条　約

2-1　アイルランドが締結した租税条約

2-1-1　概　　要

　2016年12月現在，アイルランドは72か国と二国間租税条約に署名している[40]。このうち70か国との租税条約については発効済であるが，ボツワナとエチオピアとの租税条約については未発効である。租税条約の対象税目は直接税であり，アイルランドについては，所得税，法人税，キャピタル・ゲイン税，社会保険

---

[39]　Department of Finance, "Ireland's International Tax Strategy".

[40]　Revenue, "Revenue Commissioners Headline results for 2016".

料が含まれる。

アイルランドが締結した二国間租税条約は，図表12のとおりである。

図表12 アイルランドが締結した租税条約

（2015年 9 月現在）

国　名	署 名 日	発　効　日		
		所 得 税	法 人 税	キャピタル・ゲイン税
アルバニア	2009.10.16	2012. 1. 1	2012. 1. 1	2012. 1. 1
アルメニア	2011. 7.14	2013. 1. 1	2013. 1. 1	2013. 1. 1
オーストラリア	1983. 5.31	1984. 4. 6	1984. 1. 1	1984. 4. 6
オーストリア	1966. 5.24	1964. 4. 6	1964. 4. 1 （注1）	－
オーストリア（Protocol）	1987. 1.19	1976. 4. 6	1974. 1. 1	1974. 4. 6
オーストリア（Protocol）	2009.12.16	2011. 5. 1	2011. 5. 1	2011. 5. 1
バーレーン	2009.10.29	2010. 1. 1	2010. 1. 1	2010. 1. 1
ベラルーシ	2009.11. 3	2010. 1. 1	2010. 1. 1	2010. 1. 1
ベルギー	1970. 1.24	1973. 4. 6	1973. 4. 1 ＊	－
ベルギー（Protocol）	2014. 4.14	未発効	未発効	未発効
ボスニアヘルツェゴビナ	2009.11. 3	2012. 1. 1	2012. 1. 1	2012. 1. 1
ボツワナ	2014. 1.10	未発効	未発効	未発効
ブルガリア	2000.10. 5	2003. 1. 1	2002. 1. 1	2003. 1. 1
カナダ	2003.10. 8	2006. 1. 1	2006. 1. 1	2006. 1. 1
チリ	2005. 1. 2	2009. 1. 1	2009. 1. 1	2009. 1. 1
中国	2000. 4.19	2001. 4. 6	2001. 1. 1	2001. 4. 6
クロアチア	2002. 6.21	2004. 1. 1	2004. 1. 1	2004. 1. 1
キプロス	1968. 9.24	1962. 4. 6	1962. 4. 1 ＊	－
チェコ	1995.11.14	1997. 4. 6	1997. 1. 1	1997. 4. 6
デンマーク	1993. 3.26	1994. 4. 6	1994. 1. 1	1994. 4. 6
デンマーク（Protocol）	2014. 7.22	2015. 1. 1	2015. 1. 1	2015. 1. 1
エジプト	2012. 4. 9	2014. 1. 1	2014. 1. 1	2014. 1. 1
エストニア	1997.12.16	1999. 4. 6	1999. 1. 1	1999. 4. 6

エチオピア	2014.11. 3	未発効	未発効	未発効
フィンランド	1992.3.27	1990. 4. 6	1990. 1. 1	1990. 4. 6
フランス	1968. 3.21	1966. 4. 6	1966. 4. 1 *	－
ジョージア	2008.11.20	2011. 1. 1	2011. 1. 1	2011. 1. 1
ドイツ	1962.10.17	1959. 4. 6	1959. 4. 1	－
ドイツ（Protocol）	2010. 3.25	2011. 1. 1	2011. 1. 1	－
ドイツ改正	2011. 3.30	2013. 1. 1	2013. 1. 1	2013. 1. 1
ドイツ（Protocol）	2014.12. 3	2016. 1. 1	2016. 1. 1	2016. 1. 1
ギリシャ	2003.11.24	2005. 1. 1	2005. 1. 1	2005. 1. 1
香港	2010. 1.22	2012. 1. 1	2012. 1. 1	2012. 1. 1
ハンガリー	1995. 4.25	1997. 4. 6	1997. 1. 1	1997. 4. 6
アイスランド	2003.12.17	2005. 1. 1	2005. 1. 1	2005. 1. 1
インド	2000.11. 6	2002. 1. 1	2002. 1. 1	2002. 1. 1
イスラエル	1995.11.20	1996. 4. 6	1996. 1. 1	1996. 4. 6
イタリア	1971. 6.11	1967. 4. 6	1967. 4. 1 *	－
日本	1974. 1.18	1974. 4. 6	1974. 4. 1 *	－
韓国	1990. 1.18	1992. 4. 6	1992. 1. 1	1992. 4. 6
クウェート	2010.11.23	2014. 1. 1	2013. 1. 1	2013. 1. 1
ラトビア	1997.11.13	1999. 4. 6	1999. 1. 1	1999. 4. 6
リトアニア	1997.11.18	1999. 4. 6	1999. 1. 1	1999. 4. 6
ルクセンブルク	1972. 1.14	1968. 4. 6	1968. 4. 1 *	－
ルクセンブルク（Protocol）	2014. 5.27	2016. 1. 1	2016. 1. 1	2016. 1. 1
マケドニア	2008. 4.14	2010. 1. 1	2010. 1. 1	2010. 1. 1
マレーシア	1998.11.28	2000. 4. 6	2000. 1. 1	2000. 4. 6
マレーシア（Protocol）	2009.12.16	2012. 1. 1	2012. 1. 1	2012. 1. 1
マルタ	2008.11.14	2010. 1. 1	2010. 1. 1	2010. 1. 1
メキシコ	1998.10.22	1999. 4. 6	1999. 1. 1	1999. 4. 6
モルドバ	2009. 5.28	2011. 1. 1	2011. 1. 1	2011. 1. 1
モンテネグロ	2010.10. 7	2012. 1. 1	2012. 1. 1	2012. 1. 1

モロッコ	2010. 6.22	2012. 1. 1	2012. 1. 1	2012. 1. 1
オランダ	1969. 2.11	1965. 4. 6	1965. 4. 1 *	−
ニュージーランド	1986. 9.19	1989. 4. 6	1989. 1. 1	1989. 4. 6
ノルウェー	2000.11.22	2002. 1. 1	2002. 1. 1	2002. 1. 1
パキスタン	1973. 4.13	1968. 4. 6	1968. 4. 1 *	−
パキスタン改正	2015. 4.16	未発効	未発効	未発効
パナマ	2011.11.28	2013. 1. 1	2013. 1. 1	2013. 1. 1
ポーランド	1995.11.13	1996. 4. 6	1996. 1. 1	1996. 4. 6
ポルトガル	1993. 1. 1	1995. 4. 6	1995. 1. 1	1995. 4. 6
ポルトガル（Protocol）	2005.11.11	2007. 1. 1	2007. 1. 1	2007. 1. 1
カタール	2012. 6.21	2014. 1. 1	2014. 1. 1	2014. 1. 1
ルーマニア	1999.10.21	2001. 4. 6	2001. 1. 1	2001. 4. 6
ロシア	1994. 4.29	1996. 4. 6	1996. 1. 1	1996. 4. 6
サウジアラビア	2011.10.19	2013. 1. 1	2013. 1. 1	2013. 1. 1
セルビア	2009. 9.23	2011. 1. 1	2011. 1. 1	2011. 1. 1
シンガポール	2010.10.28	2011. 1. 1	2011. 1. 1	2011. 1. 1
スロバキア	1999. 1. 8	2000. 4. 6	2000. 1. 1	2000. 4. 6
スロベニア	2002. 3.12	2003. 1. 1	2003. 1. 1	2003. 1. 1
南アフリカ	1997.10. 7	1998. 4. 6	1998. 1. 1	1998. 4. 6
南アフリカ（Protocol）	2010. 3.17 **	2013. 1. 1 **	2013. 1. 1 **	2013. 1. 1 **
スペイン	1994. 2.10	1995. 4. 6	1995. 1. 1	1995. 4. 6
スウェーデン	1986.10. 8	1988. 4. 6	1989. 1. 1	1988. 4. 6
スウェーデン（Protocol）	1993. 7. 1	1994. 1.20	1994. 1.20	1994. 1.20
スイス	1966.11. 8	1965. 4. 6	1965. 4. 1 *	−
スイス（Protocol）	1980.10.24	1976. 4. 6	1974. 1. 1	1974. 4. 6
スイス（Protocol）	2012. 1.26	2014. 1. 1	2014. 1. 1	2014. 1. 1
タイ	2013.11. 4	2016. 1. 1	2016. 1. 1	2016. 1. 1
トルコ	2008.10.24	2011. 1. 1	2011. 1. 1	2011. 1. 1
アラブ首長国連邦	2010. 7. 1	2011. 1. 1	2011. 1. 1	2011. 1. 1

ウクライナ	2013. 4.19	2016. 1. 1	2016. 1. 1	2016. 1. 1
英国	1976. 6. 2	1976. 4. 6	1974. 1. 1	1976. 4. 6
英国（Protocol）	1994.11. 7	1994. 4. 6	1994. 4. 1	－
英国（Protocol）	1998.11. 4	1999. 4. 6	1999. 1. 1	1999. 4. 6
米国	1997. 7.28	1998. 4. 6	1998. 1. 1	1998. 4. 6
米国（Protocol）	1999.11. 4	2000. 9. 1	2000. 9. 1	2000. 9. 1
ウズベキスタン	2012. 7.11	2014. 1. 1	2014. 1. 1	2014. 1. 1
ベトナム	2008. 3.10	2009. 1. 1	2009. 1. 1	2009. 1. 1
ザンビア	1971. 3.29	1967. 4. 6	1967. 4. 1 *	－
ザンビア改正	2015. 3.31	2016. 1. 1	2016. 1. 1	2016. 1. 1

＊　相互主義（with retroactive effect）
＊＊　南アフリカProtocolのⅢ，Ⅵについては2012年4月1日以降
（出典：Revenue HP）

　所得税について，発効日が4月6日となっている租税条約が散見される。こ
れは，アイルランドの所得税の課税年度がかつて4月6日から始まっていたこ
とによるものでないかと思われる（第Ⅱ章4－1－1参照）。

2－2　租税情報交換協定

　アイルランドは，以下の諸国と情報交換協定（Tax Information Exchange
Agreements：TIEA）を締結している。括弧内は発効日。
　アングイラ（2011年3月11日），アンチグア・バーブーダ（2011年3月4日），
アルゼンチン（脱税に関しては2016年1月21日，その他に関しては2017年1
月1日），ベリーズ（2011年4月11日），バミューダ（2010年5月11日），英領
ヴァージン諸島（2011年2月28日），ケイマン諸島（脱税に関しては2004年1
月1日，その他に関しては2011年1月1日），バハマ（未発効），クック諸島
（2011年9月2日），ドミニカ（2015年9月22日），ジブラルタル（脱税に関し
ては2010年5月25日，その他に関しては2010年1月1日），グレナダ（2012年
4月23日），リヒテンシュタイン（2010年1月1日），マーシャル群島（2015年

２月10日），モントセラト島（未発効），サモア（2012年２月21日），セント・クリストファー（セント・キッツ）およびネヴィス（未発効），サンマリノ（脱税に関しては2013年５月12日，その他に関しては2014年１月１日），セントルシア（2011年２月17日），セントヴィンセント＆グレナディン諸島（2011年３月21日），タークス＆ケーコス諸島（2011年１月25日），ヴァヌアツ（2015年２月19日）

また，アイルランドはガーンジー島（脱税およびその他に関しては2010年６月10日発効したが，2010年１月１日以降開始した課税年度にのみ適用される。二重課税の排除に関する協定は2010年１月１日），マン島（2009年１月１日）およびジャージー島（脱税およびその他に関しては2010年５月10日発効したが，2010年１月１日以降開始した課税年度にのみ適用される。二重課税の排除に関する協定は2010年１月１日）とTIEAを締結しているほか，これらの地域とは個人の一定の所得に係る二重課税を排除するための協定および関連企業の利益調整に係る相互協議手続に関する協定も締結している。

さらに，2009年５月１日以降開始する課税年度以降，ケイマン諸島について，歳入庁長官は税務調査（銀行情報および企業の所有者情報を含む）に関する情報をケイマン諸島当局に要請することができることとなっている。

２−３　アイルランド租税条約コメンタリー

アイルランドは，租税条約の解釈に関してCommentary on Typical Provisions of Irish Tax Treaties（租税条約のコメンタリー）を公表している。しかし，最近の租税条約には適合しない面がある。コメンタリーは，第１条（対象者），第２条（対象税目），第３条（一般的定義），第４条（居住者），第５条（恒久的施設），第６条（不動産所得），第７条（事業所得），第８条（国際運輸業所得），第９条（関連企業），第10条（配当所得），第11条（利子所得），第12条（ロイヤルティ），第13条（譲渡所得），第14条（自由職業所得），第15条（給与所得），第16条（役員報酬），第17条（芸能人およびスポーツ選手），第18条（年金），第19条（政府職員），第20条（学生），第21条（教授），第22条（そ

の他所得），条文なし（オフショア所得），第23条（二重課税の排除），第24条
（無差別），第25条（相互協議），第26条（情報交換），第27条（外交官），第28
条（発効），第29条（終了）から構成されている。

　各条文はOECDモデル条約コメンタリーの規定に沿っているが，一部独自の
規定もある。主な内容は，以下のとおりである。

第1条（対象者）　租税条約は居住者のみに適用される。

第2条（対象税目）　アイルランド側の対象税目は，所得税，法人税，
　キャピタル・ゲイン税である。他国では，これらと類似の租税が対象と
　なる。相続税，贈与税，付加価値税，消費税は対象税目に含まれていな
　い。英国，米国との間では別途相続税条約が締結されている。

第3条（一般的定義）　OECDモデル条約コメンタリーにおける定義と同
　様である。条約で定義されていない用語については国内法の規定に従う。

第4条（居住者）　居住者について規定している。アイルランドおよび租
　税条約締結相手国の双方の国において居住者となる双方居住者について
　は，タイブレーカー・テストを適用していずれかの国の居住者に決定す
　ることが規定されている。それでも決定できない場合は，相互協議に
　よって解決される。

第5条（恒久的施設）　恒久的施設（Permanent Establishment：PE）に
　ついて規定している。建設現場については通常12か月以上でPEとみな
　されるが，アイルランドが締結した租税条約では，6か月となっている
　ものがある。

第6条（不動産所得）　農地，森林を含めた不動産から生じる所得につい
　て規定している。不動産の定義については，所在地国の国内法の規定に
　よる。

第7条（事業所得）　PEがなければ事業所得には課税しないとの国際租税
　原則を規定している。PEがある場合，それに帰属する所得について課
　税する。

67

PEに係る所得の計算について配分方式を認めており，外国保険会社の支店利益についてこれを利用することが言及されている。

第8条（国際運輸業所得） 締結国の企業に係る国際運輸業所得については当該締結国のみ課税を行う。

第9条（関連企業） 移転価格に関する条項であり，独立企業間原則について規定している。

第10条（配当所得） 配当については配当を支払う企業の居住地国で課税されるが，通常の税率より低い税率で課税されると規定されている。

第11条（利子所得） 利子については源泉地国で課税されるが，アイルランドが締結した条約では源泉地国での課税を免除することが規定されているものがある。利子の実質的受益者が他国の居住者である場合には，恩典が制限される。なお，利子の実質的受益者がPEを通じて事業を行っている場合には，本条ではなく第7条が適用される。

第12条（ロイヤルティ） ロイヤルティについて源泉地国での課税を制限することが規定されている。OECDモデル条約コメンタリーでは免除することとなっているが，従来アイルランドが締結した租税条約では制限税率を適用することとなっている。しかし，最近締結した租税条約では，OECDモデル条約コメンタリーに従い，ロイヤルティについて源泉地国での課税を免除することとしている。

第13条（譲渡所得） 不動産や不動産が価値の大部分を占める株式に係る譲渡所得について源泉地国と居住地国の双方に課税権を認めている。PEに帰属する譲渡所得については，PEの所在地国で課税される。国際運輸に係る資産の譲渡所得については当該企業の所在地国においてのみ課税される。上記以外の譲渡所得については，居住地国においてのみ課税される。

アイルランドが締結した租税条約のなかには，一方の締結国の居住者が，譲渡日前3年以内に他方の国の居住者であった場合には，他方の締

結国に課税権を認めるという例外規定を有しているものが多い。

第14条（自由職業所得） 弁護士，会計士，医者，エンジニア等にかかる自由職業所得条項はOECDモデル条約では削除されたが，多くの条約締結交渉時には同規定が存在していたことから，アイルランドが締結した租税条約の多くに本条項が残っている。

第15条（給与所得） 個人の給与所得については原則として居住地国で課税されるが，他方の国で役務が提供される場合は，他方の国も課税できる。もっとも，短期滞在者について183日ルールが規定されており，一定の条件の下に183日以内の滞在であれば役務の提供地で課税されない。国際運輸業における給与所得者は企業の所在地国でのみ課税される。

第16条（役員報酬） 第15条の規定にかかわらず，一方の締結国の居住者である企業から支払われる役員報酬については，他方の国において役務が提供された場合においても一方の締結国が課税することができる。

第17条（芸能人およびスポーツ選手） 一方の締結国の居住者である芸能人およびスポーツ選手が他方の国において役務を提供する場合，他方の国においても課税できる。なお，本条は第15条の例外規定であり，183日ルールは適用されない。

第18条（年金） 一方の国における過去の勤務に対して他国の居住者に支払われる年金については，他方の国においてのみ課税される。なお，源泉地国に課税を認めている租税条約もある。

第19条（政府職員） 一方の国の政府職員にかかる給与，年金については，一方の国においてのみ課税できる。ただし，役務の提供が他方の国で行われ，職員が他方の国の国籍を有する場合，すなわち現地採用の場合は，他方の国において課税できる。政府職員には，政府関係機関や地方公共団体も含まれる。

なお，政府等が事業を行っている場合は除かれる。

第20条（学生） 一定の条件の下に学生が受領する支払いについて課税が免

除される。

第21条（教授） 大学等で一時的に研究を行う教師，研究者にかかる給与については２年間を限度に課税が免除される。

第22条（その他所得） 条約に規定されていないその他の所得について居住地国で課税されると規定されている。ただし，恒久的施設に実質的に関連する所得については，本条ではなく第７条が適用される。

　なお，条項は設けられてないが，本条のあとにオフショア所得について規定されている。アイルランドが締結した租税条約のなかには，オフショア所得にかかる条項を設けているものがある。一方の国の居住者が他方の国でオフショア活動を30日以上行っている場合は，他方の国で事業を行っているとみなす旨の規定であり，第５条（恒久的施設）の条項をオーバーライドする。オフショア活動を行っている企業から支払われる給与についても，他方の国で課税することができる。

第23条（二重課税の排除） アイルランドは二重課税の排除のために税額控除方式を採用している。居住地国が送金された所得に対してのみ課税し，すべての所得に課税していない場合，源泉地国は課税されていない所得について条約上の恩典を保証するものではない。アイルランドでは，居住者であるが住居を有さない個人（Non-domiciled individuals）[41]が該当する。

第24条（無差別） 同様な条件にある場合，国籍による取扱いの差別を禁じている。ただし，条約締結国両国のいずれの国の居住者に該当しない者についてはこの限りでない。

第25条（相互協議） 二重課税等条約の規定に反する課税が行われた場合，条約の適用や条約の解釈に困難や疑義がある場合，相互協議によって解決することが規定されている。国内法に規定する救済手続を行うことも

---

(41)　第Ⅱ章４－２－２参照。

規定されている。相互協議での合意義務は課されておらず，解決するよう努める旨規定されている。なお，仲裁に関する規定は設けられていない。

第26条（情報交換） アイルランド税務当局は，OECDにおける議論を踏まえ，銀行情報等について積極的に対応する姿勢を示している。

第27条（外交官） 外交官特権について規定している。

第28条（発効） 国内での批准が終了したら相手国に通知する。通知書受領後，実際には翌課税年度開始日等条約に規定する日において発効する。

第29条（終了） 外交ルートによって相手国に通知することによって終了する。

2-4　租税条約と国内法の関係

租税条約が締結されてもそれだけでは効力を有しない。下院がそれを承認してはじめて効力を有する。各租税条約は，1997 TCA第826条に基づき国内で効力を有することとなる。

ところで，租税条約締結国との間で行われる一部の支払等については，1997 TCAに基づき租税の減免が行われる。アイルランド法人が租税条約締結国の非居住者に支払う利子，配当については租税が課されず，アイルランド法人が受領する利子，配当等の国外源泉所得についても租税が軽減される。

なお，租税条約と国内法の規定が異なる場合は，アイルランド国憲法第29条3項の規定に基づき租税条約の規定が優先される。

2-5　租税条約による制限税率

アイルランドが締結した租税条約において，配当，利子，ロイヤルティについて図表13のとおり上限となる制限税率が規定されている（2016年1月現在）。料率について複数記載があるものは，種類によって適用税率が異なる。

図表13　租税条約相手国別の制限税率

（単位：％）

国　　名	発効年	配　当	利　子	ロイヤルティ
アルバニア	2012	5／10	0／7	7
アルメニア	2013	0／5／15	0／5／10	5
オーストラリア	1984	15	10	10
オーストリア	1964	10	0	0／10
バーレーン	2010	0	0	0
ベラルーシ	2010	5／10	0／5	5
ベルギー	1973	15	15	0
ボスニアヘルツェゴビナ	2012	0	0	0
ボツワナ	未発効	5	7.5	5／7.5
ブルガリア	2002	5／10	0／5	10
カナダ	2006	5／15	0／10	0／10
チリ	2009	5／15	5／15	5／10
中国	2001	5／10	0／10	6／10
クロアチア	2004	5／10	0	10
キプロス	1952	0	0	0／5
チェコ	1997	5／15	0	10
デンマーク	1994	0／15	0	0
エジプト	2014	5／10	0／10	10
エストニア	1999	5／15	0／10	5／10
エチオピア	未発効	5	5	5
フィンランド	1990	0／15	0	0
フランス	1966	10／15	0	0
ジョージア	2011	0／5／10	0	0
ドイツ	1959	15	0	0
ドイツ改正	2013	5／15	0	0
ギリシャ	2005	5／15	5	5
香港	2012	0	10	3

72

III　国際課税

ハンガリー	1997	5/15	0	0
アイスランド	2005	5/15	0	0/10
インド	2002	10	0/10	10
イスラエル	1996	10	5/10	10
イタリア	1967	15	10	0
日本	1974	10/15	10	10
韓国	1992	10/15	0	0
クウェート	2013	0	0	5
ラトビア	1999	5/15	0/10	5/10
リトアニア	1999	5/15	0/10	5/10
ルクセンブルク	1968	5/15	0	0
マケドニア	2010	0/5/10	0	0
マレーシア	2000	10	0/10	8
マルタ	2010	5/15	0	5
メキシコ	1999	5/10	0/5/10	10
モルドバ	2011	5/10	0/5	5
モンテネグロ	2012	0/5/10	0/10	5/10
モロッコ	2012	6/10	0/10	10
オランダ	1965	0/15	0	0
ニュージーランド	1989	15	10	10
ノルウェー	2002	0/5/15	0	0
パキスタン	1968	10/no limit	no limit	0
パキスタン改正	未発効	5/10	10	10
パナマ	2013	5	0/5	5
ポーランド	1996	0/15	0/10	10
ポルトガル	1995	15	0/15	10
カタール	2014	0	0	5
ルーマニア	2001	3	0/3	0/3
ロシア	1996	10	0	0

73

サウジアラビア	2013	0/5	0	5/8
セルビア	2011	5/10	0/10	5/10
シンガポール	2011	0	0/5	5
スロバキア	2000	0/10	0	0/10
スロベニア	2003	5/15	0/5	5
南アフリカ	1998	0/5/10	0	0
スペイン	1995	0/15	0	5/8/10
スウェーデン	1988	5/15	0	0
スイス	1965	10/15	0	0
タイ	2016	10	0/10/15	5/10/15
トルコ	2011	5/10/15	10/15	10
ウクライナ	2016	5/15	5/10	5
英国	1976	5/15	0	0
アラブ首長国連邦	2011	0	0	0
米国	1998	5/15	0	0
ウズベキスタン	2014	5/10	5	5
ベトナム	2009	5/10	0/10	5/10/15
ザンビア	1967	0	0	0
ザンビア改正	2016	7.5	10	10

（出典：Revenue HP）

2－6　外国実効レート

　アイルランドが締結したいくつかの国との租税条約では，アイルランド居住法人の株主が配当に課された外国税額に加え，配当の源泉となる利益に課された租税の税額控除（潜在的税額控除）の実施を認めており，Foreign Effective Rates（外国実効レート）といわれる（2009年1月1日発効）。

　当該株主が，配当支払法人から二重課税を排除するのに必要な情報を入手できない場合は，1997 TCA別表24に基づき，配当に関する実効税率を参考にし

て，以下に掲げる税率を適用することができるとされている[42]。

ベルギー44％，フランス43％，ドイツ28％，イタリア38％，日本44％，ルクセンブルク34％

2-7　日本アイルランド租税条約

「所得に対する租税に関する二重課税の回避及び脱税の防止のための日本国とアイルランドとの間の条約」（以下「日愛租税条約」）は，1974年1月18日署名，同年12月4日発効された。基本的には，当時のOECDモデル租税条約に沿った内容となっている。

第1条（対象者）　租税条約は居住者のみに適用される。

第2条（対象税目）　対象税目は，日本では，所得税，法人税，住民税，アイルランドでは所得税，法人利潤税（現在は法人税）となっているが，国際運輸業所得に関しては，事業税についても含まれている。

第3条（一般的定義）　OECDモデル条約コメンタリーにおける定義と同様である。条約で定義されていない用語については国内法の規定に従う。アイルランドの「国民」とは，アイルランドのすべての市民並びにアイルランドにおいて施行されている法令によってその地位を与えられたすべての法人，組合および団体をいうとされている。「権限ある当局」とは，日本においては大蔵大臣（現在は財務大臣）または権限を与えられたその代理者をいい，アイルランドにおいては歳入委員会または権限を与えられたその代理者をいうとされており，財務大臣は権限ある当局とはなっていない。

第4条（居住者）　居住者とは，住所，居所，本店または主たる事務所の所在地，管理の場所……と定義されており，「管理の場所」が含まれている。これは，アイルランドが法人について英国同様管理支配地主義を

---

[42]　キプロス，パキスタン，ロシアおよびザンビアについては，実効税率が異なるため公表されていないと説明されている。

採用していることによる。

　双方居住者については，相互協議により決定される。また，両国で居住法人となる法人については，本店または主たる事務所が存在する国の居住者とされる。

第5条（租税の軽減）　租税軽減の適用について規定されている。

第6条（恒久的施設）　恒久的施設（Permanent Establishment：PE）について規定している。PEについては，管理所，支店，事務所，工場……と「管理所」が含まれている。12か月超の建設工事，在庫保有代理人，芸能人活動がPEに含まれている。

第7条（不動産所得）　不動産所得については存在地国において課税できるとしている。

第8条（事業所得）　PEがなければ事業所得には課税しないとの国際租税原則を規定している。PEがある場合，それに帰属する所得について課税する。

　PEに係る所得の計算について配分方式を認めており，外国保険会社の支店利益についてこれを利用することが言及されている。

第9条（国際運輸業所得）　締結国の企業に係る国際運輸業所得については当該締約国のみ課税を行う。

第10条（関連企業）　移転価格に関する条項であり，独立企業間原則について規定している。

第11条（配当所得）　配当については，一般の配当が15％，親子間の配当が10％の制限税率が設けられている。この場合の親子間は，出資比率25％以上，所有期間が6か月の条件を充たすことを要する。もっとも，アイルランドでは配当について非課税となっている。

第12条（利子所得）　利子については源泉地国で課税されるが，10％の制限税率が設けられている。なお，利子の実質的受益者がPEを通じて事業を行っている場合には，本条ではなく第8条が適用される。

第13条（ロイヤルティ） ロイヤルティについて源泉地国で課税されるが，10％の制限税率が設けられている。OECDモデル租税条約では源泉地国で免税とされることから，当該規定が導入されれば，知的財産取引を行う日本企業も進出するメリットが増えることとなる。

第14条（譲渡所得） 不動産に係るキャピタル・ゲインについては当該不動産の所在地国，株式およびその他に係るキャピタル・ゲインについては居住地国で課税される。

第15条　（自由職業所得） 弁護士，会計士，医者，エンジニア等にかかる自由職業所得については居住地国で課税する。ただし，源泉地国にPEを有する場合は，それに帰属する所得について源泉地国で課税される。

第16条（給与所得） 個人の給与所得については原則として居住地国で課税されるが，他方の国で役務が提供される場合は，他方の国も課税できる。短期滞在者については，①183日以内の滞在であること，②報酬の支払者は非居住者であること，③PEは報酬を負担しないこと，を条件として183日以内の滞在であれば役務の提供地で課税されないこととなっている（183日ルール）。国際運輸業における給与所得者は企業の所在地国でのみ課税される。

第17条（役員報酬） 一方の締結国の居住者である企業から支払われる役員報酬については，他方の国において役務が提供された場合においても一方の締結国が課税することができる。

第18条（芸能人およびスポーツ選手） 一方の締結国の居住者である芸能人およびスポーツ選手が他方の国において役務を提供する場合，役務提供国においても課税できる。

第19条（年金） 一方の国における過去の勤務に対して他国の居住者に支払われる年金については，他方の国においてのみ課税される。

第20条（政府職員） 一方の国の政府職員にかかる給与，年金については，一方の国においてのみ課税できる。ただし，役務の提供が他方の国で行

われ，職員が他方の国の居住者である場合，すなわち現地採用の場合は，他方の国において課税できる。政府職員には，政府関係機関や地方公共団体も含まれる。

　なお，政府等が事業を行っている場合は除かれる。

第21条（学生）　一定の条件の下に学生が受領する支払いについて課税が免除される。1課税年度において60万円またはアイルランド・ポンドによるその相当額を超えないこと。

第22条（教授）　大学等で一時的に研究を行う教師，研究者にかかる給与については2年間を限度に課税が免除される。

第23条（その他所得）　条約に規定されていないその他の所得について居住地国で課税されると規定されている。

第24条（二重課税の排除）　二重課税の排除については，税額控除方式が採用されている。また，アイルランドの居住者である個人が稼得した英国源泉所得について英国で所得税が課されない場合は，アイルランド国内源泉所得とみなされる。

第25条（人的控除）　両国の居住者に対し，相手国の非居住者である国民または市民が受ける人的控除等を受ける権利を認めている。

第26条（無差別）　同様な条件にある場合，国籍による取扱いの差別を禁じている。ただし，条約締結国両国のいずれの国の居住者に該当しない者についてはこの限りでない。

第27条（相互協議）　二重課税等条約の規定に反する課税が行われた場合，条約の適用や条約の解釈に困難や疑義がある場合，相互協議によって解決することが規定されている。相互協議での合意義務は課されておらず，解決するよう努める旨規定されている。なお，仲裁に関する規定は設けられていない。

第28条（情報交換）　情報交換の実施および守秘義務について規定している。

第29条（外交官）　外交官特権について規定している。

第30条（発効）　批准書の交換後30日目に発効する。日本では，発効年の1月1日以後開始する事業年度から適用される。一方，アイルランドでは，発効年の4月6日以後開始する賦課年度の所得税，4月1日以後に開始する事業年度の法人利潤税に適用される。

第31条（終了）　無期限であるが，外交ルートによって相手国に通知することによって終了する。

このほか，交換公文において，①使用人兼務役員，②退職年金，③みなし税額控除について，以下のとおり規定されている。

---

① 第17条〔役員報酬〕に関し，法人の役員の報酬で管理的又は技術的性質の日常の任務の遂行につき当該法人から取得するものについては，これを勤務についての被用者の報酬とみなし，「雇用者」とあるのは「法人」として，第16条〔給与所得〕の規定を適用することとされている。すなわち，使用人兼務役員については，第17条〔役員報酬〕ではなく，第16条〔給与所得〕が適用される。

② 第20条の2〔退職年金〕の規定に関し，「によって設立された基金から」は，退職年金が，一方の締約国によって直接支払われないが，当該一方の締約国若しくはその地方公共団体によって設立された別個の基金又は当該一方の締約国若しくはその地方公共団体が拠出した別個の基金から支払われる場合を対象とすることとされている。

③ 第24条の2(c)にいう「アイルランドの経済開発を促進するための特別の奨励措置であってこの条約の署名の日に実施されているもの」とは，アイルランドの法律の次の規定に定める措置をいうこととされている。

(a) 一定の鉱業から生ずる利得に対する法人利潤税の減免（1956財政法）

(b) 一定の物品輸出から生ずる利得に対する法人利潤税の減免（1956財政法）

(c) シャノン空港[43]内での営業から生ずる利得に対する法人利潤税の減免（1958財政法）

(d) 一定の鉱業，一定の物品輸出およびシャノン空港内での営業から生ずる利得に対する所得税の減免（1967財政法）

　日愛租税条約は，発効から40年が経過している。第21条において，通貨がアイルランド・ポンドとなっているなど内容が現在に合致していないほか，ロイヤルティに関して，居住地国および源泉地国の双方で課税することが認められていることなどから，改正が必要である。

2-8　米国アイルランド租税条約

2-8-1　概　　要

　アイルランドは，EU加盟国や日本よりも遅く，1997年に米国との間で租税条約（以下「米愛租税条約」）を締結している。

　さらに，両国は，国際的タックスコンプライアンスの向上と米国のForeign Account Tax Compliance Act（FATCA）の実施のために，2012年12月，「Ireland-US Intergovernmental Agreement to Improve International Tax Compliance and Implement FATCA（以下「IGA」）」を締結した。米愛租税条約第27条において自動的情報交換を含め情報交換に関する規定が設けられているが，米国で導入された外国口座税務コンプライアンス法（Foreign Account Tax Compliance Act，以下「FATCA」）にアイルランドが協力することで，IGAが締結された。

　IGAの概要は，以下のとおりである。

---

[43]　シャノン空港とは，アイルランド西部に位置する空港である。かつて，航空機の性能が現在よりも劣っていた時代に，欧州から北米に向かう航空機がシャノン空港に立ち寄ったことから，シャノン空港内での営業から生ずる利得について特例が設けられたものと思慮される。

Ⅲ　国際課税

第1条　定義

用語の定義が行われている。

第2条　情報入手義務

両国は，報告対象口座のすべての情報を入手し，毎年相手国の権限ある当局に自動的に提供しなくてはならないとされている。アイルランド側の情報には，氏名，住所，米国TIN，口座番号，金融機関名，金融機関識別番号，勘定残高，利子配当等の金額等が含まれる。米国側の情報には，氏名，住所，アイルランドのTIN，口座番号，金融機関名，金融機関識別番号，利子配当等の金額等が含まれる。

第3条　情報交換の時期および方法

支払金額及び種類については，米国国内の口座の場合はアイルランド国内税法に従い，アイルランド国内の口座の場合は米国内国歳入法の規定に従う。通貨単位については各口座に表示されたものを使用する。

情報は原則として2013年以降の分を対象とする。TINが記載されていない場合は，誕生日の情報を付記する。情報は9か月以内に提供される。ただし，2013年については2015年9月30日までとなっている。情報は，米愛租税条約第26条に規定する情報交換条項に基づき権限ある当局間で交換され，交換された情報は機密に取り扱われる。

第4条　アイルランドの金融機関に対するFATCAの適用

アイルランドが本協定に基づき情報を提供するならば，アイルランドの金融機関は米国歳入法第1471条を遵守しているものとして取り扱われ，また源泉徴収義務も生じないものとされる。

第5条　コンプライアンスのコラボレーションと実施

一方の国の権限ある当局は，事務上のエラーまたは些細なエラーについて直接他方の国の金融機関に照会することができる。重要なコンプライアンス違反があった場合は相手国の権限ある当局に通知するとともに，国内法の規定に基づきペナルティを課すこともできる。アイルランドの

81

金融機関について，通知後18か月以内に改善されない場合は，米国は当該金融機関をFATCA非遵守金融機関と認定する。金融機関が第三者のサービスを利用することは構わないが，その場合の責任は当該金融機関が負う。金融機関が適正に実行しない場合は権限ある当局は必要な措置を採る。

第6条　情報交換の効率的な実施を継続するための相互理解

米国は，アイルランドに対して相互的な自動的情報交換を行うことを求める。両国は相手国と協力して本協定を実施する。自動的情報交換については，OECDやEUの規定を準用する。

第7条　相手国の管轄内に対するFATCA適用の一貫性

アイルランドの金融機関に対してFATCAを適用することに関して，より好意的な恩典が保証される。

第8条　相談および改正

本協定の実施に当たり，困難が生じた場合は，両国は協議を要請することができる。また，文書による合意によって修正することができる。

第9条　アネックス

本協定にはアネックスが設けられている。

第10条　期間

本協定は，2013年1月1日以後（またはその後の通知の日をもって）発効する。一方の権限ある当局が相手国に終了の文書を送付することによって終了するものであり，通知日の12か月後に満了となる。また，両国は2016年12月末日までに本協定の実施状況を勘案して修正の余地の有無について協議する。

アネックス1　非遵守金融機関について米国での報告すべき口座と対象外金融機関への支払い

アネックス2　報告不要の金融機関と金融商品

以下のものは報告が不要である。

(1) 免除されるベネフィシャルオーナー

アイルランド政府，政府機関，中央銀行，国際機関，退職年金基金

(2) 対象外とされるもの

非営利法人，地方金融機関，一定の共同投資ビークル

(3) 対象外金融商品

一定の退職関係金融商品，その他の一定のもの（例えば，利益分配スキーム，従業員保有オーナーシップトラスト）

IGAの実施のためアイルランドの銀行は以下のような文書を個人預金者に送付し回答をもとめている。

Tax Certification Form for Personal Customers

Tax reporting

Financial institutions in Ireland are required, under legislation which incorporates the US Foreign Account Tax Compliance Act (FATCA) and the OECD* Common Reporting Standard (CRS) into Irish law, to seek answers to certain questions for purposes of identifying those accounts, the details of which are reportable to Irish Revenue for onward transmission to the tax authorities in the relevant jurisdiction(s). * Organisation for Economic Cooperation and Development.

If customers do not provide all of the information requested, we may not be able to proceed with opening the new account until the relevant information is provided. Existing customers of Financial Institutions such as AIB must provide the answers to these specific FATCA and CRS questions otherwise, based on information we have available to us, we may be obliged to include the account(s) details in the annual FATCA return and CRS return to Irish Revenue.

Please note that AIB is unable to offer taxation advice. For tax related questions and/or further information please contact your professional tax advisor or Irish Revenue (http://www.revenue.ie/en/business/aeoi/index.html). Customers MUST advise AIB if their tax jurisdiction information changes.

Please confirm the following

Customer Name:
Account Number: NSC: 9 3
Home Address:
Address Line 2:
Address Line 3:
County:
Country:
Date of Birth: Day / Month / Year
Are you a US Citizen?   No ☐   Yes ☐

In what country(ies) are you tax resident?

If you answered yes to the US Citizen question, please include the United States as one of the countries below.
Where you are tax resident in Ireland, please include Ireland as one of the countries below.
Where you are tax resident in any jurisdiction other than Ireland, you are required to provide the corresponding Tax Reference Number (TRN), if any, for each jurisdiction.

NOTE: You must provide at least one jurisdiction of Tax Residence below.

Jurisdiction of Tax Residence   Jurisdiction of Tax Residence   Jurisdiction of Tax Residence

Tax Reference Number   Tax Reference Number   Tax Reference Number

Signature:

                              Date   Day / Month / Year

For bank use only

Our ref

資料　Tax Certification Form for Personal Customers

84

Ⅲ 国際課税

2−8−2 権限ある当局間の協定

米国とアイルランドは，前述のIGAを締結したが，その後，IGA実施のための自動的情報交換に関する権限ある当局間の協定に署名した。

その概要は以下のとおりであり，特に規定されていない限り，本協定において用いられている用語はIGA中に用いられている用語と同義である。

パラ1　対象

報告対象アイルランド金融機関，報告対象外アイルランド金融機関および報告対象米国金融機関が本協定の対象となる。報告対象外アイルランド金融機関とは，米国内国歳入法第1471条の適用上，IGAアネックス2に規定する外国金融機関（FFI）として取り扱われる報告対象外アイルランド金融機関をいう。

パラ2　アイルランド金融機関の登録

報告対象アイルランド金融機関がFATCAに規定する登録を行っていれば，同法を遵守しているとみなす。登録を行った報告対象アイルランド金融機関に対しては，Global Intermediary Identification Number（GIIN）が付与される。18か月間コンプライアンスを遵守していない状態が続いた場合，報告対象アイルランド金融機関はIRSのFFIリストから削除される。

パラ3　情報の交換の時期と方法

情報については，所定の様式を用いて当該年度（暦年）終了後9か月以内に,International Data Exchange Service（IDES）を利用して自動的に提供される。なお，ファイルの受領に成功した場合および受領できなかった場合も，権限ある当局は受領後15日以内に，提供した権限ある当局に受領の通知を行う。

パラ4　改善と実施

両国の権限ある当局は，すべての情報が相手国の権限ある当局に報告され認識されるようにしなければならない。IGAのコンプライアンスを

85

遵守していない場合は，重要なノンコンプライアンスとなる可能性がある。

パラ5　守秘とデータの保護

IGAの規定に従って交換されたすべての情報は機密に扱われる。守秘とデータの保護に関して実際にまたは潜在的な問題がある場合は，直ちに相手国の権限ある当局に通知しなければならない。

パラ6　コスト

特に規定がない限り，本協定の実施に当たり通常生じる費用は，それぞれの権限ある当局が負担する。

パラ7　効果，相談，および修正

本協定は，IGA発効後または両国の署名後実施される。実施後はすべての情報はIGAに基づき提供される。両国の権限ある当局は，いつでも実施，解釈，適用，修正に関して協議することができる。原則として申し出があった後30日以内に協議が行われるが，適正に実行していなかった場合には，直ちに協議が行われる。合意があれば，本協定の修正は可能である。本協定は期限到来時に自動更新されるが，更新されない場合は，それまでに交換されたすべての情報は機密に取り扱う。

パラ8　公表

本協定の署名後30日以内に本協定を公表する。

3　移転価格税制

アイルランドにおける現行移転価格税制は，2010財政法第38条により導入され，1997 TCAに第835A条から第835H条までが追加される形で公表された。本規定は，2010年7月1日以降契約された取引について，2011年1月1日以降

に開始する事業年度から適用される。

　内容は，基本的にOECD移転価格ガイドラインに沿っているが，後述のように適用対象が大法人に限られ，中小法人は除かれているほか，移転価格関連文書の保管については，歳入庁の要請に応じて直ちに提出できるのであれば，必ずしも国内に保管することが求められてない点に特徴がある[44]。また，国外取引と国内取引の双方が対象となっている。

　移転価格税制導入前も，同様の規定は存在しており，1997 TCA第81条第2項(a)において，独立企業間価格を超えて関連企業間で支払われた費用に関しては損金に算入されない旨規定されている。裁判所も独立企業間価格を超えている場合の移転価格課税を容認していた。なお，1997 TCA第453条にも移転価格に関する規定が設けられていたが，現行移転価格税制が導入されたことから，2010年12月31日をもって廃止されている。

3-1　1997年統合租税法

　移転価格税制については，1997 TCA第835A条〜第835H条に規定されている。

　　　第835A条　解釈
　　　第835B条　意義および関連条項
　　　第835C条　移転価格に係る基本的な規則
　　　第835D条　OECDガイドラインに沿った原則
　　　第835E条　中小法人
　　　第835F条　ドキュメンテーションと照会
　　　第835G条　二重課税の排除
　　　第835H条　減価償却

　1997 TCAでは関連企業間取引について適正に所得が計算されるよう移転価格に係る規則を定めている。この法令は，関連企業間取引が独立企業間価格で

---

[44]　帳簿類を6年間保存する義務があるが，移転価格についても同様となっている。

行われず，アイルランドの税収が減少することとなる取引について規定しており，国外取引と国内取引の双方に適用される。各条の概要は，以下のとおりである。

3－1－1　第835 A条＜解釈＞

本条は，解釈について規定しており，以下のとおり用語の定義を行っている。

・「調整」とは，あらゆる種類（法律上の有効性を問わない）の合意等をいう。

・「委員会勧告」とは，零細企業および中小企業についての定義を行った2003年5月6日付委員会勧告（2003／361／EC）をいう。

・「関連した活動」とは，当該者の取引活動をいう。

・調整に関する「関連者」とは，調整の結果，利益，利得または損失の計算に影響を与えることとなる利益，利得または損失についてスケジュールD[45]のケースⅠまたはⅡに該当することによって課税される者をいう。

・「支配」は第11条を準用する。

3－1－2　第835 B条＜意義および関連条項＞

本条では，支配の意義について規定している。

一方の者が他方の者を支配している，または両企業が同一の者に支配されている場合には，関連していることとなる。いずれのケースにおいても，支配されている者は企業である。ある個人がその個人の親族とともに企業を支配している場合には，当該企業は個人によって支配されていることとして扱われる。ここで，親族とは夫，妻，祖父母，直系の子孫，兄弟姉妹をいう。

3－1－3　第835 C条＜移転価格に係る基本的な規則＞

本条は，移転価格に係る基本的な規則，調整について規定している。

---

(45)　第Ⅱ章図表10に記載されているスケジュール。

Ⅲ　国際課税

　移転価格課税の対象となる取引は，事業活動から生じる商品，サービス，金銭，無形資産の譲渡である。

　売上が過少に計上されている場合の売掛金や費用が過大に計上されている場合の買掛金に対して調整が行われた場合は，各々のケースで独立企業間価格が決定される。「独立企業間価格」とは，第三者間で合意されるであろう価格である。

３－１－４　第835 D条＜OECD移転価格ガイドラインに沿った原則＞

　本条は，OECD移転価格ガイドラインに関して規定している。

　第835 C条に規定する移転価格規則は，できる限りOECD移転価格ガイドラインとの一貫性を有したものとなっている。事業取引について，実質的にOECD移転価格ガイドラインをアイルランドの国内法に導入した。

　財務大臣は，必要に応じ，OECD移転価格ガイドラインに追加してガイドラインを公表することができる。

３－１－５　第835 E条＜中小法人＞

　本条は，中小法人の取扱いについて規定している。

　中小法人（Small or medium-sized enterprise：SME）は，本条の対象から除かれる。中小法人については，2003年5月6日付EU委員会勧告において定義されている零細および中小法人の定義に基づいている。すなわち，グループの従業員が250人未満，かつ，取引高が5,000万ユーロ未満または保有資産が4,300万ユーロ未満の企業グループが中小法人に該当する。

３－１－６　第835 F条＜ドキュメンテーションと照会＞

　本条は，ドキュメンテーションについて規定している。なお，2010年Tax Briefing（No.7）においても移転価格ドキュメンテーション義務について規定している。

　移転価格税制の適用を受ける者は，所得が法令に従って計算されているか否

89

かを決定するために必要となる記録を残さなければならない。一般的な記録に関する規定は，移転価格に関する記録にも適用される。例えば，記録は，公用語で記された様式でなくてはならず，電子的また会計記録として認められた方法によらなくてはならない。記録の作成についても同様である。

移転価格調査については，歳入庁長官によって認められた職員によって行われる。

3－1－7 第835 G条＜二重課税の排除＞

本条は，国内取引が関係しているだけの場合の二重課税は含まれないことを規定している。

① 調　　整

一方の者の利益が増加し，取引相手である他方の者がアイルランド法人である場合には，当該他方の者に対して対応的調整を行うことができる。

② 在　　庫

移転価格調整がグループの中でのキャッシュフローに悪影響を与えないことを保証する。仕入価格を増額させる形で他方の者に救済を行う場合には，当該仕入は事業年度末における在庫に含まれるものとする。

③ 救　　済

所得の上方修正となる調整が行われた場合，救済が可能となる。外国支店の利益について調整が行われた場合，支店の利益について外国税額控除が適用可能である。グループ内において事業用資産として保有されていた土地がグループ外に売却される場合，実務上当該土地開発に係る利益は事業取引として課税される。当該土地がグループ内で譲渡された場合は，当該法人は現行の取扱いを継続するか否かを選択することができる。

3－1－8 第835 H条＜キャピタルアロウワンス＞

本条は，キャピタルアロウワンス（capital allowance,減価償却）について規定している。

移転価格に関する規則は，キャピタルアロウワンスについては適用されない。

3－2　マニュアル

1997 TCAパート35Aに規定されている移転価格規則を遵守しているか否かのモニタリングに関するRevenue Operational Manual 35A－01－01＜2016年6月改訂版＞が公表されている。TCAと重複する部分があるが，本マニュアルの内容は，以下のとおりである。

1．概　　要

1.1　本マニュアルは，1997 TCAパート35Aにおいて規定されている移転価格税制を遵守しているか否かのモニタリングに関して定めたものである。

1.2　移転価格税制は，2010財政法（Finance Act）第42条によって導入された。

・2011年1月1日以降開始した会計年度から適用され，

・2010年7月1日以降合意された条件による関連企業間取引（調整に関する法令を参照のこと）に対して適用される。

1.3　2011年12月31日に終了する会計年度が含まれる1年間の事業年度に係る確定申告は2012年9月が申告期限となる。

2．背　　景

2.1　独立企業間原則

1997 TCAパート35Aは，独立企業原則（ALP）が適用される移転価格に関して規定している。製品またはサービスについて一方の関連企業が他方の関連企業に請求する金額は，非関連者間で請求する金額と同じでなくてはならない。この規定は関連者間取引に適用される。独立企業間価格は，多国籍企業と税務当局のためのOECD移転価格ガイドラインに従って解釈される。関連者間取引における費用の額が独立企業間価格を超えている場合，または関連者間取引における売上の

91

額が独立企業間価格に満たない場合，アイルランドでの課税上取引当事者の利益は過少となっている。移転価格税制は，すべての関連者間取引が独立企業間価格で課税されるよう，過少となっている利益を修正するものである。

2.2　立法の範囲

1997 TCAパート35Aに規定する移転価格規則は，以下の取引に適用される。

・商品，サービス，資金，または無形資産の譲渡に係る調整

・関連者間における譲渡

・関連者の一方または双方にとって，利益，利得，損失の発生がスケジュールDのケースⅠまたはⅡ（例えば，売買取引から生じる）として課税される場合

パート35Aは，2010年7月1日以降合意された条件での取引に適用される。この規定は，国外取引および国内取引の双方に適用される。中小企業に関しては，1997 TCAパート35Aは適用されない。ここで，中小企業とは，グループベースで，従業員250人未満，かつ，取引高が5,000万ユーロ未満または資産が4,300万ユーロ未満のいずれかを満たす企業をいう。中小企業については移転価格税制の対象外であるが，所得移転に該当する場合には一般的否認規定が適用されることとなる。

2.3　適用可能な期間

前述のように，移転価格税制は，2010年7月1日以降合意された条件での取引について，2011年1月1日以降開始する会計年度から適用される（「適用除外となる調整」については下記参照）。

対象となる会計年度に係る当初の確定申告は2012年9月21／23日までに行わなければならない。

2.4　適用除外となる取引

2010年7月1日前に合意された取引については，本規則は適用され

ず，適用除外となる。取引に関して，2010年7月1日前に合意された
か否かについては，以下に基づき判定する。

(a) 取引が検討された関係書類または関連取引

(b) 価格に関する関係書類

(c) 関係書類は将来のものとは限らない

2.5　ドキュメンテーションと照会

　　移転価格税制の対象となる取引を行っている者は，法令を遵守して
　いることを示すために求められるドキュメンテーションを備え，事業
　所得は1997 TCA第835C条の規定に従い計算されなくてはならない。
　移転価格に関するコンプライアンスを遵守しているか否かについて，
　歳入庁から照会が行われ，場合によっては調査が実施される。

3．コンプライアンスを監視するアプローチ

　歳入庁は，移転価格調査が複雑で，多くの時間を要する性質を有するこ
とから，移転価格プログラムに対する人員配置を最適化することを図って
いる。他国の経験によれば，移転価格課税は事案によって事実と背景が異
なり，当局は各事案について事業内容を十分理解する必要があるとしてい
る。また，移転価格プログラムを成功させるためには，リスクアセスメン
トプロセスを中心とすることも必要であると述べている。

　　コンプライアンスを監視するプログラムは，「移転価格コンプライアン
　スレビュー（下記4参照）」から始まり，必要に応じ完全な移転価格調査
　に進むこととなる。この段階的アプローチは，各段階で得られた知識と経
　験を基に行われる。

4．移転価格コンプライアンスレビュー

4.1　移転価格コンプライアンスレビュー

　　移転価格コンプライアンスレビュー（Transfer Pricing Compliance
　Review：TPCR）とは，1997 TCAパート35Aに規定するコンプライア
　ンスおよび関連者間取引について独立企業間価格を適用するために企

業またはグループによって行われるセルフレビューである。

4.2　TPCRを行う理由

　　TPCRは，関連する企業またはグループに対し，移転価格コンプライアンスをレビューし，歳入庁にそのコンプライアンスのアセスメントを提供する機会を与えることとなる。また，TPCRは，歳入庁に重要な情報（特定の業種の事業構造，関連者取引，移転価格算定方法といった事実とデータ）を提供する。この情報は，リスクアセスメントおよび移転価格の観点から事業に適用される実務的アプローチについての知識と経験の蓄積といった点で歳入庁に寄与するものである。

4.3　調査への進展

　　TPCRのために選ばれたケースは，リスクアセスメントに基づいて，必要に応じ調査に進展するかもしれない。例えば，企業がセルフレビューを行わなかった場合，または，レビューの結果およびそれに伴う照会の結果，移転価格が独立企業間価格でない，すなわち，1997 TCAパート35Aに従っていない場合，調査に進展することが適切であると考えられる。

５．削除

６．TPCRの実施

6.1　TPCRのための選定通知書

6.1.1　一定の会計期間における関連者間取引と移転価格についてのセルフレビューを求める通知書が，TPCRに選定された企業またはグループに送付される。当該通知書のコピーが税務代理人に対しても送付される。納税者は，歳入庁がTPCRはコンプライアンスのチェック機能であると考えており，移転価格調査を実施する先駆けであるとは考えてないと理解するべきである。すべての通知書は，35Aの適用上権限を認められた職員によって発出される。

6.1.2　通常，通知書はセルフレビューを通して以下の項目について回答

するよう納税者に要請する。

(a) グループの組織構造

(b) 各カテゴリーの詳細または関連者取引のタイプ－関連企業を識別するため

(c) 各カテゴリーまたは関連者取引のタイプに関する価格決定の構造および移転価格算定方法

(d) 関連者の機能，資産，およびリスクの要約

(e) 入手可能およびレビュー済の関連するドキュメンテーションの要約リスト

(f) 独立企業間原則を充たしていることが立証される詳細

　また，納税者は，通知書の発行日後３か月以内に，上記の各項目に関してのセルフレビュー回答書のコピーを歳入庁に提出しなければならない。場合によっては，対象期間における移転価格分析がすでに準備されているかもしれず，その場合はさらなるセルフレビューは不要である。詳細については，下記パラグラフ6.1.3参照。

6.1.3　他国での移転価格課税に対処するためにすでに移転価格に関する報告書または分析書を作成している場合には，納税者のコンプライアンス費用を最小化するため，および，以前発遣した歳入庁通知に沿い，それをもって上記6.1.2に掲げる項目を満たしているとみなされる。

6.2　歳入庁による調査のための行動規準

　歳入庁の行動規準上，TPCRは歳入庁の机上調査あるいは実地調査には該当しない。

７．TPCRからの結果

7.1　歳入庁からレビューの結果に関する通知書が発出される。通知書は，当該期間についてそれ以上の調査が必要でないか，あるいは，TPCRプロセスの中でさらに一層の検討または議論が必要であるかが記載される。

7.2 ＜削除＞

7.3 場合によっては，移転価格調査を含めて他のオプションが考慮されるかもしれない。

7.4 TPCRから移転価格調査に進展する場合は，権限のある職員が調査開始通知書を発出することとなる。

8. 削　　除

9. 執　　行

　移転価格に関する照会は，1997 TCAパート35Aの適用上権限を認められた職員によってのみ行われなければならない。移転価格に関する照会は，権限を認められた職員によって主導されなくてはならないが，他の担当者に委任することができる。

10. 要　　約

　1997 TCAパート35Aに規定する移転価格に係るコンプライアンスのモニタリングに関する歳入庁のアプローチについては以下のように要約できる。

・コンプライアンスのモニタリングプログラムは，移転価格に係るコンプライアンスレビューから開始される。

・選定された企業は，上記4－6の中で説明されているTPCRを実施することが求められる。

・粗選定は，多くの場合大企業の中から選ばれる。

・一定の会計期間におけるTPCRを求める通知書が発出された場合，納税者は3か月以内にレビューを実施しなくてはならない。

・当該期間についてそれ以上の調査が必要でないか，あるいは，TPCRプロセスの中でさらに一層の検討または議論が必要であるかが記載された歳入庁からレビューの結果に関する通知書が発出される。

・場合によっては，移転価格調査を含めて他のオプションが考慮されるかもしれない。TPCRから移転価格調査に進展する場合は，権限ある

職員が調査開始通知書を発出することとなる。

移転価格コンプライアンスレビューは，重要なコンプライアンスの一環である。歳入庁は，常時，1997 TCAパート35Aに規定するコンプライアンスをモニタリングするためのTPCRアプローチの有効性をレビューし，評価する。

3-3　移転価格調査の展望

上記マニュアル3．において，「他国の経験によれば」と記述されていることから，アイルランドでは従来移転価格調査が行われていなかったと思われる。法人税率の低いアイルランド法人から法人税率の高い海外の関連法人に所得を移転することは合理的でない。また，アイルランドが外国企業の誘致を図って行くのであれば，アグレッシブな移転価格課税を行うことは逆効果となる恐れがある。アイルランドが法人税率の低い状態を維持していくのであれば，移転価格調査が極端に増加することは少ないと思われる。もっとも，政策的に法人税率の高い海外の関連法人に所得を移転する可能性もあり，その場合は移転価格調査が行われるであろう。

他国が関連法人に移転価格課税を行った場合，発生した二重課税を排除するためには，アイルランド法人において所得を減額する対応的調整が行わなければならない。従来は，そのケースが多かったのではないかと思われる。

なお，アイルランドがOECDやEUの規定に従うことをポリシーとして公言しており，移転価格税制，マニュアルにもそれが表れている。

4 相互協議

4-1 アイルランド租税条約コメンタリー

アイルランドの租税条約コメンタリー第25条において，相互協議について以下のとおり規定されている。

第25条　相互協議手続

　本条は，条約の下で生じるかもしれない紛争を解決するため，および，条約に規定されていない二重課税事案を解決するために行われる両締結国の権限ある当局の協力について規定する。

　本条は，一方の締結国の居住者が条約の規定に従わない課税を受けたと考えるときは，自国の権限ある当局に対して申立てをすることができると規定する。最初に国内法に規定する救済措置を求める必要はない。

　本条は，権限ある当局が当該申立てを正当と認める場合，権限ある当局がとらなければならない行動について規定する。権限ある当局は，最初に自ら当該問題を解決するよう努めなくてはならない。例えば他国が救済を行うべきと考えられるように，自ら解決できない場合は，他国の権限ある当局との相互協議によって解決するよう努めなくてはならない。必ずしも合意に達しなくてはならないわけではなく，単に努力しなければならないとされる。

　また，本条は，両締結国の権限ある当局が条約の解釈または適用に係る困難や疑義を解決するよう努めなくてはならないことを規定する。

　権限ある当局は，例えば外交チャンネルを使用することなく直接相互に連絡を取り合うことができる。

このコメンタリーでは，仲裁については触れられていない。従来は，コメン

Ⅲ 国際課税

タリーに則って租税条約を締結していたものと思われるが，近年，OECDモデル条約において相互協議に係る仲裁規定が導入されていることを受けて，アイルランドは仲裁規定を含める条約を締結している。

4－2　相互協議マニュアル

2016年1月，相互協議の申立てに関して，歳入庁国際租税課（International Tax Division）は，相互協議に関する「International Tax：Mutual Agreement Procedures（including Transfer Pricing ／ Corresponding Adjustments ／ Advance Pricing Agreement issues）」を公表した。その内容は，以下のとおりである。

4－2－1　申　立　先

事案の内容が移転価格によるものかそれ以外かによって相互協議の申立先が異なる。

(1)　移転価格に関する相互協議（事前確認，対応的調整を含む）

Director, Transfer Pricing Branch, International Tax Division, Office of the Revenue Commissioners

(2)　その他の相互協議

Director, Tax Treaties Branch, International Tax Division, Office of the Revenue Commissioners

このことから，移転価格に関する相互協議（事前確認，対応的調整を含む）については国際租税課移転価格部門が，その他の相互協議については国際租税課租税条約部門が所掌していることが窺える。

歳入庁は，申立てに当たり，紛争解決国プロフィール，移転価格国別プロフィール，OECD加盟国（アイルランドを含む）のカントリープロフィールをOECDのホームページ（www. oecd. org）から入手するよう求めている。

99

４－２－２ 申立書の記載事項

申立ては文書によるものとされ，申立書は３部提出しなければならない。申立書には，以下の事項が記載されることが求められている。

- ・事業年度
- ・相互協議申立者の法人名，所在地，納税者番号，所轄税務署
- ・相互協議の法的根拠，すなわちアイルランドが締結した租税条約またはEU仲裁条約の関連条文
- ・相互協議が必要な理由
- ・事案の説明（関連するドキュメンテーションを添付）
- ・申立者が考える正しい結果（申立者の見解をバックアップするための判例法，経済分析などの書類を添付）

複数の国に相互協議の申立書を提出する場合は，他国の権限ある当局に提出した申立書も歳入庁に提出することが求められている。

４－２－３ 対応的調整に関する相互協議の申立て

移転価格調整に関しては自動的には救済されないことから，二重課税の救済を求める場合，すなわち，対応的調整を求める場合には，相互協議の申立てが必要であるとされている。その際，歳入庁に対して以下のような書類を提出するよう求められている。

- ・当該救済の法的根拠，すなわち，アイルランドが締結した租税条約またはEU仲裁条約の条文を示すこと（なぜ当該租税条約が関連する租税条約であるかの説明書を含む）
- ・関連企業がどう関連するか示すこと
- ・他国における移転価格調査方針について説明すること（例えば，移転価格分析書，エコノミストレポート，その他専門家の分析書等証拠書類のコピーを添付すること）
- ・他国の税務当局が認めなかった移転価格方針を示すこと
- ・他国の移転価格調整をどう受け入れたか以下の点について詳述すること

－申立者が移転価格調整に対してどう論駁したか

－合意に達した過程および独立企業間価格に適合しているか否か

－移転価格調整額および対象年度

－訴訟をせずに交渉による合意をした見解の説明（法的アドバイスのコピーを含む）

・他国との合意文書のコピーが含まれていること

・過去年度または後続年度において同様の問題が生じる可能性について言及すること

・アイルランド関連法人の利益に影響を与えそうな調査が実施されているか否かについて言及すること

なお，①他国によって課された延滞税および加算金，②他国の国内法に基づき行われた第二次調整，③資本的取引として控除不可能な支払い，については救済されない旨明記されている。

相互協議の申立書が受理された場合，アイルランド関連法人は所得を再計算した書類を提出するよう求められる。そして，相互協議の合意により対応的調整が行われることとなった場合，更正通知書が発出される。

4－2－4　事前確認

二国間事前確認（Bilateral APA）または多国間事前確認（Multilateral APA）に係る相互協議の申立ても可能とされている。

4－2－5　効果的な相互協議手続に関するOECDマニュアル

OECDは，ベストプラクティスのために相互協議手続を周知させ，どのように機能するべきであるかを示すことを目的に，効果的な相互協議手続（Manual for Effective Mutual Agreement Procedures：MEMAP）に関するマニュアルを公表している。歳入庁は，同マニュアルも参照することを推奨している。

101

4－2－6　EUジョイント移転価格フォーラム

　EU仲裁条約の機能改善，および，EU域内における移転価格ルールのより均一な適用を目的として，EUジョイント移転価格フォーラム（EU Joint Transfer Pricing Forum：JTPF）は，以下のような文書を公表してきた。仲裁条約の機能改善のための最終報告書を除き，すべての文書はEU委員会等により採択されている。歳入庁は，これらの文書は法的拘束力を有しておらず，むしろ，政治的なコミットメントであるとして，これらの文書について以下のように説明している。

(1)　仲裁条約の機能改善のための最終報告書

　2015年4月，JTPFは，仲裁条約の機能改善のための最終報告書について同意した。これには仲裁条約の効果的な実施のために改正された行動規範（Code of Conduct）も含まれている。最終報告書および改正された行動規範は，JTPFがモニタリングを行った結果策定されたものであり，一定の事案に対する仲裁条約の適用，2010年OECDモデル租税条約第7条の実施，仲裁条約へのアクセスが否定される事案についての透明性を図ること，仲裁条約の機能，仲裁条約に規定される手続の申請期限等いくつかの課題について明確化している。

(2)　仲裁条約の効果的な実施のための行動規範

　この行動規範は，2009年に改正されている。行動規範の目的は，すべての加盟国によるEU仲裁条約の効果的でかつ均一な適用を保証することである。行動規範は最終報告書に含まれており，内容は，上記(1)のとおりである。

(3)　EU移転価格ドキュメンテーションに係る行動規範

　この行動規範は，EU加盟国の移転価格ドキュメンテーション義務に従うことを要求される企業のコンプライアンスを軽減することを意図している。

(4)　EU域内における事前確認に関するガイドライン

　本ガイドラインは，紛争解決を支援し，二重課税を回避することを意図している。

Ⅲ　国際課税

4-3　権限ある当局

　国際的な租税紛争を解決し，アイルランドへの利益の適正な配分を確保するにあたって，権限ある当局の役割がより重要となってきたことから，歳入庁は，2015年10月，「The Role of the Competent Authority International Tax - Transfer Pricing Branch」を公表し[46]，権限ある当局の機能，その強化等に関して多くの見解を述べている。

4-3-1　権限ある当局の機能

　歳入庁は，国際的移転価格紛争は政府，税務当局，OECD，EUといった国際機関においてグローバルに検討されている最も重要な租税問題の一つであり，同時に，多国籍企業にとっても重要な問題であり，多国籍企業が海外投資を行う際の決定要因となる重要な要素となっていると述べている。

　権限ある当局の機能は，租税条約締結相手国の税務当局との交渉を通して国際的移転価格紛争を解決することであるとしている。税源浸食と利益移転（Base Erosion and Profit Shifting：BEPS）プロジェクトによって，相互協議手続（MAP）と事前確認（APA）の件数が今後ますます増加すると予測しており，事案を効果的に解決するために，歳入庁には強力な権限ある当局チームが備わっていなければならないとしている。アイルランドに進出を検討している多国籍企業は，アイルランドの権限ある当局の機能を重視していると歳入庁は理解している。

4-3-2　歳入庁が重視する点

　歳入庁は，権限ある当局の機能に関して以下の点を重視していると述べている。

　①　相互協議の交渉に当たっては，アイルランドへの適正な利益配分が確保

---

[46]　歳入庁HP（Tax Practitioners → International Tax）。

103

されること

② 相互協議事案およびAPA事案に対処するために必要な人員を確保し，経験豊富な相互協議チームを維持すること

③ 正式な二国間APAプログラムを導入することを図り，評価すること

④ 強制的かつ拘束力のある仲裁を導入することに関して関連する国々と協調すること

４－３－３　権限ある当局の役割

歳入庁は，権限ある当局とは，租税条約の適正な実施を確保するために当該問題を担当し，および租税条約の規定に従い当該問題を解決することに努める職位，個人，組織を識別するため，租税条約の中で使われる用語であると説明している。

アイルランドでは，歳入庁が権限ある当局となっており，納税者は，租税条約の下で生じている紛争を解決するために権限ある当局に支援を求めることができるとされている。権限ある当局による支援は，一般に租税条約に規定されている相互協議手続条項の下で提供される。さらに，二国間租税条約に基づき実施される相互協議手続に加えて，二国間で二重課税が生じる場合の移転価格紛争を解決するために，EU仲裁条約が設けられていると述べている。このことから，相互協議手続とEU仲裁手続のダブルトラックが可能であることが窺える。

４－３－４　権限ある当局チーム

2013年まで，アイルランドの権限ある当局は１人のプリンシパル・オフィサーによって担当されていた。権限ある当局は，相互協議事案と事前確認事案について歳入庁の大規模調査課（Large Cases Division）および経済分析チーム（Statistics and Economic Research Team）の支援を得て協議を行っていた。

2014年５月，アイルランド財務省がBEPSに係るPublic Consultation Paperを告知したところ，歳入庁が移転価格分野における専門知識を増大させて，権

限ある当局に人員を配置することに努める必要性があるとの回答が寄せられたとしている。また，アイルランドの国内税制がいかに国際的な税制改正に対処しているかについて関心のある企業の提案を受け入れたとも述べている。2014年10月に財務省が公表した，「Competing in a Changing World, A Road Map for Ireland's Tax Competitiveness（アイルランドにおける租税競争力のためのロードマップ）」には，移転価格に関する権限ある当局の強化が記されており，これについては2015年度予算において承認されている。

　2015年第2四半期になって，権限ある当局チームは1人のプリンシパル・オフィサー，3人のアシスタントプリンシパルオフィサー(47)および1人の担当官から構成されることとなり，さらに，2015年度末までに権限ある当局チームは，1人のプリンシパル・オフィサー，5人のアシスタントプリンシパルオフィサーおよび3人の担当官で構成されるまで拡大すると記されている(48)。

　相互協議事案数の増加に対処するには，権限ある当局に十分な人員が配置されることが極めて重要である。歳入庁は，オープンとなっている事案数と処理事案解決に要した時間が著しく増加していないこと，および，企業立地の点においてアイルランドの評判を落とさないことを明確にする必要がある。

　図表14は，アイルランドと同規模の国における移転価格に係る相互協議担当者数を比較したものであり，人員配置に関する組織的な違いが分かる。2012年から2014年にかけて，13か国中8か国において，移転価格専門家の数が増加していることをこの表は示している。いくつかの国では，将来移転価格チームを拡大する意図を有していることを示唆している。

---

(47)　3人のアシスタントプリンシパルのうちの2人は，国際課税および移転価格に関して豊富な経験を有する者を雇用したと述べている。

(48)　2016年12月末現在，1人のプリンシパル・オフィサー，5人のアシスタントプリンシパルオフィサーおよび2人の担当官で構成されているとのことであり，将来的には増員されることを望んでいるとのことである（歳入庁への照会）。

105

図表14　アイルランドと同規模の国における移転価格担当者数の推移

(単位：人)

国　　名	2012年	2014年	増加数
オーストリア	30	30	0
ベルギー	12	12	0
チェコ	33	36	3
デンマーク	80	100	20
エストニア	6	6	0
フィンランド	37	43	6
ハンガリー	7	16	9
イスラエル	5	6	1
ノルウェー	62	87	25
ポルトガル	50	50	0
スロバキア	9	52	43
スウェーデン	40	40	0
スイス	14	16	2

(注)　国によっては，移転価格担当者数に権限ある当局および調査部
　　　門の双方が含まれている場合がある。なお，歳入庁の大規模調査
　　　課には，移転価格調査専門チームがある。

(出典：「The Role of the Competent Authority International Tax
　　　- Transfer Pricing Branch」)

　権限ある当局チームの人員を増加させなければならない理由として，歳入庁
は以下の4つの要因をあげている。

①　相互協議においてアイルランドに帰属する適正な独立企業間利益を確保
　　すること

②　近年権限ある当局に申請される相互協議事案と事前確認事案が増加して
　　いること，およびBEPSの結果，将来的にそれらの件数が増加すると予想
　　されること

③　アイルランドの権限ある当局の機能を強化することについて，納税者や
　　他の利害関係者からのプレッシャーがあること

④　推奨されるように移転価格調査を担当する大規模調査課から権限ある当
局の機能を分離すること

　歳入庁に対する照会の回答によれば，権限ある当局チームには，弁護士，公
認会計士の資格を有する者も含まれており，中途採用が行われているとのこと
である。なお，当然それらの者に対して守秘義務が課される。

4－3－5　権限ある当局の重要性

　外国の税務当局との間で紛争がある場合，権限ある当局の機能は，アイルラ
ンドに配分された利益が独立企業間であることを確保するうえで重要な役割を
持っている。また，権限ある当局の機能は，アイルランドが税源浸食と利益移
転を支持してないとの評判がたたないようにするうえで重要な役割を果たして
いる。国際貿易が複雑さを増してくるなか，権限ある当局に回ってくる紛争の
件数は増加の一途を辿っている。さらに，OECDでBEPSプロジェクト行動計
画14の変更が提案されたことから，権限ある当局の機能に多くの要件を求める
ことと同様に移転価格紛争の著しい増加をもたらすであろうと歳入庁は予想し
ている。

　アイルランドの国益を守るため，歳入庁が，経験豊富で，十分な人員が配置
された権限ある当局を有することがますます重要となってきており，グローバ
ルな移転価格紛争の数が増えているなかで，歳入庁が，国内に設立された企業
の利益配分について適正な独立企業間価格で他国と交渉する能力を有し，かつ
行使できることを示すことは重要であるとしている。

　アイルランドの権限ある当局の機能は著しく拡大した。それは，BEPSプロ
ジェクトから予想された件数の増加に対処するために整備されており，歳入庁
は十分な人的資源を確保するべきであると結論付けている。

4－4　紛争解決

4－4－1　概　　要

　グローバル化された経済においては，二か国が同一の取引に課税しようとす

ることから，結果として国際的な二重課税が生じる可能性がある。租税条約が直接そのようなケースを解決することとなるが，当該二か国に租税条約の条項の解釈または適用に関して見解の相違があることから国際的な二重課税が残るかもしれない。OECDおよびEUは，紛争の解決に要する時間を短縮し，二重課税が生じないよう努力してきており，相互協議手続を改善することに多くの年数かけてきた。

4－4－2　租税条約による紛争解決

　紛争および二重課税を回避するための努力をしつつ各国の課税権を確保するために各国は二国間租税条約を締結してきた。しかし，それでも紛争が生じることから，権限ある当局に紛争解決のメカニズムを提供することを規定するOECDモデル条約第25条（相互協議条項）と同様の条文を租税条約に含めてきた。アイルランドが他国と租税条約を締結する際には，租税条約の下で生じるかもしれない紛争を解決するための権限を権限ある当局に法律上付与する義務がある。OECDモデル租税条約第25条では，権限ある当局は「二重課税の回避のため他の締結国の権限ある当局と相互協議を行うことによって事案を解決するよう努力しなければならない」と規定されている。権限ある当局は，合意に達し，二重課税を回避しようとするけれども，これはいつも可能なわけではない。

　権限ある当局が，合意に達することができない場合には，仲裁を通して解決する方法もある。仲裁は，事実のすべてをレビューし，最終的に独立した決定を行う独立な第三者である専門家によって紛争を解決することを目的としたメカニズムである。しかし，すべての租税条約が仲裁条項を含んでいるわけではなく，そのような条項が含まれていても，拘束力を持つ仲裁を強制するものではない。これは，必ずしも拘束力を持つ仲裁に進まなければならないというものではなく，紛争が未解決のままで二重課税が残ることを意味している。

108

Ⅲ 国際課税

4－4－3 紛争解決の改善に努力する OECD

二重課税を排除するため，OECDは相互協議手続を改善する方法を検討し続けており，これまでに以下のような改善を行った。

① 相互協議の機能を改善するために，多くのベストプラクティスを含んでいる「効果的な相互協議手続のためのマニュアル（Manual Effective Mutual Agreement Procedures：MEMAP）を出版したこと

② OECDモデル租税条約の相互協議条項に仲裁規定を導入したこと

③ OECDウェブサイト上に国別プロフィールを公表したことにより，権限ある当局に係る詳細な情報と移転価格税制に係る情報を提供したこと

④ すべてのOECD加盟国，パートナー国の相互協議事案に関する分析を公表したこと

現在，相互協議の有効性を高めるためにOECDの中に設立された2つのフォーラムがある。これらは，BEPS行動計画の行動14に対応するため租税委員会第一作業部会（WP1）の下に設置された税務管理フォーラム（Forum on Tax Administration：FTA）と一定の紛争解決フォーカス・グループのなかのフォーラムである。

相互協議フォーラムは，FTA参加国のサブグループである。このフォーラムの目的は，政府と納税者の両方のニーズを満たすために相互協議の有効性を高めることである。BEPS行動計画14の目的は，各国が租税条約関連の紛争を解決することを妨げる障害を取り除くための解決策を開発することである。ここでいう障害には，ほとんどの条約において仲裁規定が導入されていないこと，および，一定の事案について相互協議および仲裁へのアクセスが否定されるという事実（例えば，過大な加算税が課されること）が含まれる。

行動計画14には，3段階のアプローチがある。

① 二重課税の排除をサポートする政治的なコミットメント

② 紛争の早期解決（最低基準）に帰着する効果的かつ効率的な相互協議手続の障害を取り除くための方法

③ 最低基準を遵守するための監視メカニズム

109

行動計画14にある最低基準の重要な要素となるのは，①事案について平均2年以内に解決されるべきであること，②各国はFTA MAPフォーラムのアクティブなメンバーであることによって他国の権限ある当局との関係を強化するべきであること，③各国は，権限ある当局に適正な人員配置を行うこと，である。

多国籍企業に対するBEPSの結果から，行動計画14に規定する紛争解決手続が改善されていることが見て取れる。多国籍企業の最大の関心事は，事案の処理時間の短縮および二重課税の回避についての確実性が増大されることである。多国籍企業は，事案の処理時間の短縮および二重課税の排除のためのメカニズムとして，強制的で拘束力を有する仲裁制度の導入に期待している。しかし，この問題についての合意を得るまでには至っておらず，現在行動計画14における推奨の一部ともならないであろうと歳入庁は述べている。これは，行動計画14の他の側面において，OECDと税務当局へプレッシャーを多くかけることとなる。

歳入庁は，強制的かつ拘束力を持つ仲裁をサポートすることを主張しており，同様な見解を有する他の国と協力して行く意向を示している。また，このことは，アイルランド進出を図る多国籍企業にとっても誘因となると述べている。

4－4－4　紛争解決を改善することとなる EU の作業

JTPFは，移転価格問題に関してEU委員会を支援し，かつ，アドバイスを行う。JTPFの作業は，以下のとおり二つの主要領域に分けられる。

① 　EU仲裁条約の機能を改善し，監視すること
② 　JTPFによって認識された他の移転価格問題をその作業計画に含めること

この2年の間に，JTPFは，EU仲裁条約の効果的な実施のために行動規範を改善することに焦点を当ててきた。改正行動規範は2015年3月に最終決定された。

JTPFの作業計画に含められている項目は，EUにおける移転価格問題の改

善をゴールとして，EU委員会と加盟国によって合意された。すべての加盟国によって合意されたリポートとガイダンスを提供することによって，JTPFは加盟国で生じる移転価格紛争を解決することに役立っている。ここ何年間，JTPFはEUにおける移転価格問題を改善することを目的としたいくつかのリポートと正式なガイダンスを公表してきた。

4－5　相互協議部門と調査部門との分離

前述のように，アイルランドでは最近まで相互協議部門と調査部門が分離されていなかったようだが，OECD，EUの勧告，納税者のプレッシャー等もあり，両者を分離することとした[49]。

調査部門からの分離を達成するために，大規模調査課に頼らなくとも良いように，アイルランドの権限ある当局に十分な職員を配置することとした。これによって，大規模調査課が納税者との間で紛争となる移転価格調整を行った際に，権限ある当局が独立して，客観的に事案をレビューすることができることとなる。

4－6　相互協議の実施

4－6－1　概　　要

租税条約における相互協議条項によって，権限ある当局は国際的租税紛争を解決するとの意図をもって従事することが締結国の政府から認められる。これらの紛争には，同一の利益に対して二つの国が課税することから生じる二重課税も含まれる。

移転価格の観点からは，一方の国（A国）の企業に対し移転価格調査それに続く移転価格調整を行った結果，相互協議が行われる。しかしながら，A国で課税される追加的利益については，すでに他方の国（B国）で課税されている。相互協議の交渉を通して，A国とB国の権限ある当局は，二重課税を排除する

---

[49]　OECDおよびEUは，客観性を保つために，権限ある当局が調査部門から独立しているべきであると勧告しており，日本では，20数年前に既に議論されている。

111

か，減らすために両国企業間での適正な利益配分に合意するよう努力する。権限ある当局が，Ａ国の調査担当者によって提案された利益の増額修正の一部または全部について正当であると合意するならば，Ｂ国は国内企業の利益に配分されると合意された金額まで減額調整を認め，当該所得に関して納付済の税額を還付することとなるであろう。最終的に，相互協議プロセスの目的は，両方の税務当局が受け入れ可能なポジションを交渉することであり，納税者のために二重課税を排除するよう努めることである。

　上記で説明された状況は必ずしも相互協議を実施することとなるものではない。Ａ国の納税者は，訴訟を行うことも可能であり，また，Ａ国の税務当局との間で解決することもありうる。このような状況では，Ｂ国の納税者は，課税利益の減額調整を通じて二重課税の排除を求めて税務当局にアプローチすることができる。

４－６－２　OECD 加盟国における相互協議事案件数

　歳入庁は，OECD加盟国における相互協議事案件数は増加の一途をたどり，2006年から2013年の間にほぼ２倍になっていると指摘している。

図表15　OECD加盟国における交渉中の相互協議事案件数（2006年～2013年）

（単位：件）

年　度	2006	2007	2008	2009	2010	2011	2012	2013
件　数	2,352	2,671	2,897	3,426	3,328	3,838	4,073	4,566

（出典：「The Role of the Competent Authority International Tax - Transfer Pricing Branch」を基に筆者作成）

４－６－３　アイルランドにおける相互協議件数

　権限ある当局にとって相互協議の実施は重要な機能である。歳入庁の権限ある当局は，2010年から2014年の間に25件の移転価格課税に係る相互協議事案を解決したとのことである。

　歳入庁が実施した相互協議事案は，条約締結相手国が所得の増額更正を行い，

112

Ⅲ　国際課税

アイルランド法人の利益が減額するケース，すなわち，条約締結相手国がイニ
シアティブを取るケースが大多数であった。しかし，歳入庁の大規模調査課は，
最近移転価格調査を実施していることから，将来二重課税が発生し，今後は歳
入庁がイニシアティブを取るケースも発生するのではないかと予想している。
アイルランドにとって，移転価格ポジションを確保することができ，かつ，調
整が独立企業間原則に沿ったものであるべく，他国の権限ある当局と対峙でき
る強力なチームを有することが重要課題であるとしている。

　図表16は，2012年から2014年の間にアイルランドの権限ある当局が受理，解
決した相互協議件数を示している。なお，これには移転価格課税以外の事案お
よび移転価格課税事案であるが，他国との交渉を行わなかった事案も含まれて
いる。

図表16　アイルランドにおける相互協議件数の概要（2012年〜2014年）

（単位：件）

年　　度	2012	2013	2014
前期繰越件数	26	26	24
当期発生件数	6	7	7
当期処理件数	6	9	9
次期繰越件数	26	24	22

（出典：「The Role of the Competent Authority」International Tax - Transfer
　　　Pricing Branch」を基に筆者作成）

　歳入庁は，相手国や業種等の詳細を公表していない。しかし，日本側では国
税庁がアイルランドとの間で相互協議を実施していることを公表している[50]。

　同時期の日本の相互協議件数は図表17のとおりであり，アイルランドの件数
と大きく異なっている。なお，ここでいう年度は，アイルランドは，暦年であ
るが，日本は事務年度（7月〜6月）であり，期間が一致していない。

─────────────
[50]　「平成27事務年度の相互協議の状況について」国税庁2016年11月。

図表17　日本における相互協議件数の概要（2012年〜2014年）

（単位：件）

年　　度	2012	2013	2014
前期繰越件数	359	356	379
当期発生件数	167	197	187
当期処理件数	170	174	141
次期繰越件数	356	379	425

（出典：「平成27事務年度の相互協議の状況について」国税庁＜2016年11月＞を基に筆者作成）

　歳入庁は，BEPSプロジェクトによって，権限ある当局に申し立てられる相互協議件数は増加すると述べているが，日本も同様に増加することが見込まれることから，この差が縮まることはないであろう。

　相互協議事案は，解決するのに通常長期間を要する。相互協議中，権限ある当局は，当該取引に関して適正な取扱いや価格決定が行われているか検討するため，事案について詳細な審査を行わなければならない。そのためには，権限ある当局は，納税者，調査担当者，相手国の権限ある当局から提供された膨大な量の情報を審査しないとならない。また，権限ある当局は，国内および国外の企業の担当者にインタビューを実施するほか，取引に係る経済分析を実施するかもしれない。最終的な結論に達するために，両国の権限ある当局の間では一般に数回の交渉の場が必要であるとしている。

4－7　仲　　裁

4－7－1　概　　要

　企業や他のステークホルダーは，不確実性と二重課税を減らす方法として強制的かつ拘束力を有する相互協議の仲裁を強く求めており，外資導入を図っているアイルランドは，強制的かつ拘束力を有する仲裁制度の導入を検討している。歳入庁は，可能な限り仲裁が効果的に実施されることを確実にするための制度を設計することを検討している。

Ⅲ　国際課税

　OECD加盟国は無論，非加盟国の多くは移転価格に関する法令を制定し，そ
れを解釈するに当たって，OECD移転価格ガイドラインを参照するが，一定の
移転価格問題について異なるアプローチをする国もある。その結果，権限ある
当局が移転価格に関する相互協議において最終的な合意に達しないこともある。
その場合，何年間も当該紛争が未解決のままとなり，納税者は二重課税に苦し
むこととなる。仲裁は，独立した第三者の専門家が事実関係をレビューし，最
終的な決定をすることによって紛争を解決することを目的としたメカニズムで
ある。

　仲裁にはいくつかの形態があるが，効果的なのは強制的仲裁（Mandatory
arbitration）である。これによれば，相互協議を開始してもある程度の期間内
に解決に至らない場合に，当該事案が仲裁に自動的に送られることとなる。仲
裁においては，仲裁パネルが出した決定は最終的なもので，すべての当事者を
拘束することとなる。近年，租税条約を締結する場合，仲裁規定が含まれてい
ることが多くなってきている。アイルランドが締結した租税条約において，仲
裁規定が導入されているのは，4か国である。

4－7－2　EU仲裁条約

　EU仲裁条約は，移転価格課税の結果生じる二重課税の紛争解決のための手
続を規定している。企業は，二国間租税条約に規定する相互協議手続かEU仲
裁条約に規定する相互協議手続かを選択することが可能であり，また，双方の
手続を申し立てることも可能である。多くの二国間租税条約は，移転価格課税
が行われた場合に，他方の国で所得を減額する対応的調整を行う条項を有して
いるが，二重課税を取り除くために締結国に拘束力のある義務を課していない。

　EU仲裁条約は，二つのフェーズを通して二重課税の排除を規定している。

⑴　フェーズ1＜交渉＞

　フェーズ1は，相互協議交渉に類似していて，両国の権限ある当局が二重課
税の排除を目指して交渉を通して合意に達するよう努めることである。加盟国
の間で合意に達した場合は，フェーズ2の仲裁には進まない。権限ある当局は，

すべての情報を受領した日から2年以内に解決することを求められており，紛争が2年以内に解決されない場合，そして権限ある当局および納税者が当初の2年間のフェーズ1の期間延長に合意できない場合は，フェーズ2に進み，自動的に仲裁が始まることとなる。すなわち，強制的な仲裁プロセスに移行する。

(2) フェーズ2＜仲裁＞

フェーズ2では，当該事案をレビューするために諮問委員会（仲裁パネル）が設置される。両国の権限ある当局は，諮問委員会の構成について協議し，合意することとなる。諮問委員会の決定は，両税務当局と納税者の双方を拘束する。

諮問委員会のメンバーは，既存のパネルにおいて独立した立場の人から選ばれる。各国は，諮問委員会のメンバーの候補者として5人を指名することが求められている。

図表18は，2012年度および2013年度においてEU仲裁条約に規定するフェーズ1にある事案数を示している。これらの事案は，納税者がEU仲裁条約に基づき申し立てた件数である。多くの事案は，フェーズ1の間に解決されており，仲裁プロセスに進んでいない。正式に公表されたデータではないが，EU仲裁条約が導入されて以降，わずか5事案が，仲裁に進んだとのことである。

図表18　EU仲裁条約に基づきEU加盟国に申し立てられた仲裁
件数（2012年～2013年）

（単位：件）

年　　度	2012	2013
期首繰越件数	780	851
当期受理件数	259	313
当期処理件数	191	181
期末繰越件数	851	983

（出典：「The Role of the Competent Authority International
Tax - Transfer Pricing Branch」を基に筆者作成）

歳入庁は，これらの数値は，加盟国による報告に基づいており，重複や過大となっている仲裁事案が含まれている可能性があるが，参考数値として掲載し

たと説明している。

４－７－３　EU 仲裁条約に基づきアイルランドが受理した仲裁件数

　アイルランドはEU仲裁条約に基づく相互協議の申立てを受理しており，図表19は，EU仲裁条約の下でアイルランドに申し立てられ協議中の事案数を示している。これまでのところ，EU仲裁条約の下で歳入庁に申し立てられた事案で，フェーズ２すなわち仲裁に移行した事案はないとのことである。しかし，図表19で示されているように，アイルランドは，現在，EU仲裁条約に基づき申し立てられた事案について協議を行っているところであり，協議が開始されてから２年以内に解決されず，フェーズ１を延長する旨の合意がない場合には，アイルランドの権限ある当局は仲裁プロセスに関与することとなる。

図表19　EU仲裁条約に基づきアイルランドに申し立てられた
仲裁件数（2012年〜2013年）

（単位：件）

年　　　度	2012	2013
繰越件数	13	10
受理件数	1	3
フェーズ１での処理件数	4	6
未処理件数	10	7
フェーズ２での処理件数	0	0

（出典：「The Role of the Competent Authority International
Tax - Transfer Pricing Branch」を基に筆者作成）

４－７－４　仲裁への BEPS の影響

　歳入庁は，紛争解決のメカニズムを改善することを目的としているOECDのBEPS行動計画14は，二重課税につながる移転価格紛争の件数増加に繋がると見ている。企業や利害関係者は，強制的で拘束力を有する仲裁こそが，BEPSから生じるかもしれない二重課税と不確実性を排除する唯一の効果的な方法であろうと考えている。また，仲裁があるという脅威が，税務当局により速く事

案を処理し，結論に達することを促進していると認められる。

　強制的で拘束力を有する仲裁制度を導入することに対して強く反対する国も
あり，全ての国において導入されないと見られている。歳入庁は，アイルラン
ドが強制的で拘束力を有する仲裁制度を導入することについて積極的であり，
多国間協議の場を通じてこの政策の実施を求めていくであろうと述べている。

４−７−５　仲裁に関する歳入庁の結論

　仲裁は，紛争解決のための強力なツールである。強制的で拘束力を有する仲
裁は，納税者に一定の期間内に事案が解決され，また二重課税を被らないとの
保証を与えることとなる。納税者や他の利害関係者は強制的で拘束力を有する
仲裁の導入を強く求めている。

　行動計画14は最低基準またはベストプラクティスとして強制的で拘束力を有
する仲裁を取り上げていないが，アイルランドは，他国とともに強制的で拘束
力を有する仲裁の導入を図るつもりである。そのことが，アイルランドは国際
的租税紛争を解決することにコミットしているという強いメッセージを送るこ
ととなると考えている。

5　事　前　確　認

５−１　概　　　要

　歳入庁は，事前確認（Advanced Pricing Agreement：APA）とは，将来の
関連企業間取引についてどう課税するかを決める二国間または多国間の税務当
局間の合意であると定義し，多国籍企業は移転価格問題についての予測可能性
を求めており，移転価格に関して税務当局との事前確認の合意を望んでいると
述べている。そして，以下のとおり認識している。

　APA事案は，関連企業間でどのように利益配分を行うかについて重要なイ

ンパクトを持つこととなる。例えば，APAは 5 年間に特定の製品に係る利益の配分について調査することとなるかもしれない。場合によっては，当該製品の生産期間において期待される配分利益は数百万または10億ユーロになるかもしれない。結果として，アイルランドがAPA交渉において最適な結果を得ることは，アイルランドで報告および課税されている利益水準に重要な影響を与えうる。さらに，国がAPA交渉を始める自発性を有していること，APAを首尾よく協議できるような十分に経験豊富で，人材を有する権限ある当局チームを有することは，企業がどこで事業を行うかを決定するに当たり，ますます重要な検討事項となってきている。

5－2　APA の実施状況

5－2－1　EU 加盟国における APA 件数

　図表20は，2009年から2013年までのEUにおけるAPA件数を示したもので，当該期間における増加が顕著であることを明確に示している。

図表20　EU加盟国における交渉中のAPA件数（2009年～2013年）

（単位：件）

年　　　度	2009	2010	2011	2012	2013
件　　　数	229	284	302	390	545

（出典：「The Role of the Competent Authority International Tax - Transfer Pricing Branch」を基に筆者作成）

5－2－2　アイルランドにおける APA 件数

　アイルランドは，現在フォーマルなBilateral APA（以下「二国間APA」）プログラムを有していないが，歳入庁は，アイルランドが締結した租税条約相手国によって受理された事案，複雑で解決が期待される事案について，租税条約相手国と二国間APAの交渉を行っていることを公表している。歳入庁は，租税条約相手国との交渉に当たり，OECDおよびEUのガイドラインを遵守しており，アイルランドは，租税条約相手国の税務当局とのみ二国間APAの交

渉を行っている。

図表21は，2009年から2014年の間にアイルランドの権限ある当局が交渉中の
二国間APA件数および受理した件数を示している。

図表21　アイルランドにおける交渉中の二国間APA件数（2009年〜2014年）

（単位：件）

年　　度	2009	2010	2011	2012	2013	2014
交　渉　中	1	5	8	11	10	10
受　　理	3	4	5	2	7	2

（出典：「The Role of the Competent Authority International Tax - Transfer Pricing
　　　Branch」を基に筆者作成）

　歳入庁は以下のように述べている。相互協議と同様に，APAの交渉は合意
までに通常2年以上かかる。対象金額が巨額であり，交渉が始まる前に事案の
すべてについて完全に理解することが重要である。最終的に合意する前に，当
該APAが将来に及ぼす影響（特に予算），当該APAに基づく予測情報につい
て十分理解することは重要である。実際の結果が予測と異なる場合には，企業
内の価格に多大なる影響を及ぼし，APAが合意された際に考えられていたも
のに比べて実現利益，税額が少なくなることもある。

5−3　フォーマルな二国間 APA プログラム

　歳入庁は，フォーマルな二国間APAプログラムとは，法令によって制定さ
れているものであると定義している。現時点では，30か国以上がフォーマルな
二国間APAプログラムを有している。これらのプログラムは，APAの範囲内
ではあるがパラメーターを設置することによって，納税者および税務当局に予
測可能性をもたらす。これは，二国間APAプログラムについてのガイダンス
および運営指針を公表することで可能となる。

　OECDはAPAの立法化[51]を支援するためのガイダンスを公表している。執行

---

[51]　筆者は以前からAPAの法令化を提言している。拙稿「移転価格税制を巡る諸問

Ⅲ　国際課税

上で対処するのであれ，立法化を図るのであれ，APAプログラムはどのように APAを適用するのかについて詳細なガイダンスを準備する必要がある。それには，納税者がAPAプロセスを正式に始める前に税務当局によって実施される審査手続，納税者が提供しなければならない情報，そして，税務当局が各事案について行うレファレンスに関する基準が含まれているべきである。APAプログラムは，APA手続の改正，APAのキャンセルや更新だけでなく，APAの条件を遵守しているか否かのモニタリングの過程も明確にすると述べている。

　現在，アイルランドはフォーマルな二国間APAプログラムを有していない。現時点では，租税条約相手国が二国間APAの交渉を開始することに合意した場合に，アイルランドの権限ある当局はアドホックに二国間APAの申立てを受理している。アイルランドにおいて手続やガイダンスが制定されていないことから，二国間APAの交渉は他国の権限ある当局によって採用されたアプローチによって実施されることとなる。アイルランドでフォーマルなAPAプログラムが導入されるならば，納税者は，租税条約相手国と同様にアイルランドのAPAガイダンスを考慮することが求められるであろう。ほかの多くの国と同様に，アイルランドのAPAガイダンスはOECDとEUの勧告を厳守するであろうことから，両国のガイダンスは合致すべきである。

　OECDは移転価格国別プロフィールを公表しているが，その中でアイルランドはAPA規則を有していない国と分類されている。これについて，多国籍企業に歳入庁が二国間APAについて消極的であるとの誤解を招くことになりかねないとの懸念を歳入庁は有している。二国間APAについての手続をフォーマル化することは，一定の条件の下でアイルランドが二国間APAの申立てを受理するであろうことを明確にすることとなる。多国籍企業が新たに海外進出を図る際，当該国が正式なAPAプログラムを有しているかどうかは一つの検討項目となる。さらに，それは，アイルランドがオープンで，公正な税制を有

　　題－移転価格課税に係る訴訟の増加の中で－(3)」『税経通信』第62巻5号（2007）
　　p.39参照。

121

しており，税源浸食および利益移転を促進していないことを租税条約相手国に示すこととなると述べている。また，歳入庁は，APAプロセスをフォーマル化することにより，APAに関する問い合わせの数が増加すると予想している。

OECDのBEPSプロジェクト行動計画14は，各国が二国間APAプログラムを有するべきである勧告している。フォーマルなAPAプロセスには長所がある一方，考慮されるべき短所もあり，歳入庁は以下のように説明している。

(1) 長　　所
　① 納税者は合意された移転価格方法について予測可能性を有することとなる。これは海外投資先としてのアイルランドの立地の評価を高めることとなる。
　② 移転価格調査における場合よりも友好的な雰囲気において，複雑な租税問題を議論することができることとなり，情報収集が容易となり，当事者間の合意が形成されやすい。
　③ 納税者および税務当局にとってAPAはコストや時間がかかる移転価格問題に係る調査および訴訟を回避することができ，延滞税や加算税を削減することとなる。
　④ 一度APAが合意されたら，納税者の申告，当局による調査のための手間がさほど必要でない。
　⑤ 二国間あるいは多国間APAでは，納税者と複数の国の間で租税に関する合意を行うことから，二重課税のリスクを回避できる。

(2) 短　　所
　① APAは，他の目的（例えば調査，アドバイス，訴訟など）に充てられた人的資源を移転価格に優先して配置することとなりうる。
　② 税務当局がAPAに人的資源を配置しようとする要求は，制限されるかもしれない。したがって，APAは主に複雑な移転価格事案を対象とすることになるかもしれない。
　③ 手続にコスト（専門家に対する報酬）と時間がかかることから，納

> 税者にその余裕がないかもしれないので，APAはすべての納税者によっ
> て利用されるわけではない。

5－4　二国間 APA ガイドライン

　二国間APAの重要性が高まってきたことから，歳入庁は，2016年6月，
「Bilateral Advance Pricing Agreement Guidelines（二国間事前確認ガイドラ
イン）」を公表した。第1部～第7部の構成であり，概要は以下のとおりであ
る。

　＜略語の説明＞

　冒頭部分において，本ガイドラインで用いている，事前確認，独立企業
原則，BEPS，対応的調整，クリティカルアサンプション，相互協議，多
国籍企業，OECD，OECDモデル租税条約，恒久的施設，1997 TCA，移
転価格調査部門の略語について説明している。また，一部についてOECD
移転価格ガイドラインを準用している。

　＜第1部　序＞

　冒頭OECDにおけるBEPS行動計画について説明し，本ガイドライン
は，アイルランドにおけるBilateral Advance Pricing Agreement（二国間
APA）を実施するためのガイドラインであることを明記している。

　＜第2部　概要＞

① 　アイルランドの二国間APAプログラムが2016年7月1日以降実施
　　される。
② 　二国間APAプログラムは移転価格問題を対象とするが，恒久的施
　　設（PE）に帰属する利益についても含まれる。
③ 　租税条約適用上アイルランド居住法人および非居住法人の国内PE

が二国間APAを申請できる。

④　二国間APAプログラムは，独立企業原則を適用することが困難な関連者間取引や二国間APAを行わないと二重課税が発生する可能性が高い取引に対して適用される。

⑤　納税者が二国間APAの合意を遵守している限り，移転価格調査は行われない。

⑥　二国間APAプログラムは租税条約に則って法律的なフレームワークの中で行われる。また，二国間APAは租税条約の相互協議条項に従って行われる。

⑦　歳入庁移転価格部門が，二国間APAプログラムを所掌する。同部門の担当者には，租税条約相手国との間で二国間APAに合意する権限が与えられている。

⑧　二国間APAプログラムを申請するか否かは納税者の任意である。歳入庁は，納税者および他国の権限ある当局との信頼，相互協力に基づいて二国間APAを執行する。

⑨　歳入庁は，納税者の二国間APA申請を必ずしも受理する義務はなく，他国の権限ある当局と協議を続けるか，終了するか決定できる。納税者側もいつでも申請を撤回することは可能である。

⑩　納税者は，両国の当局に同時にかつ同一の情報を提供しなくてはならない。

⑪　事案ごとに事実関係が異なることから，歳入庁と他国の当局との間で合意された二国間APAは，同一の納税者であっても前例とはならない。ロールバックについても同様である。

⑫　歳入庁は，原則としてAPAを受理したのち2年以内に合意するよう努力する。

⑬　アイルランドでは二国間APAの申請料は課されないが，他国では課される場合もある。

Ⅲ　国際課税

⑭　二国間APA手続は国よって異なっており，他国の手続が本ガイド
ラインと異なる場合は，歳入庁は臨機応変に対応する。

＜第3部　APAの目的および範囲＞

(1)　二国間APAの定義

①　多国籍企業および税務当局のためのOECD移転価格ガイドラインに
おいて，「APAとは，APA対象期間において関連企業間取引の移転価
格を決定するための基準（例えば，移転価格算定方法，コンパラブル，
差異調整，予期せぬ事態が生じた場合のクリティカルアサンプショ
ン）を前もって決定する合意である」との定義を紹介し，歳入庁は二
国間APAとは，将来の関連企業間取引についてどう課税するかを二
国の税務当局が決定し，その合意が両当局を拘束するものであるとし
ている。

②　APAに関しては，「Advance Pricing Agreement」と「Advance
Pricing Arrangement」の用語が用いられているが，歳入庁は
「Advance Pricing Agreement」を用いるとしている。

③　APAの目的は，APAの対象となっている関連企業間取引に関する
税務当局と納税者との間の租税紛争を解決すること，および，租税条
約に適合しない課税すなわち二重課税を被るリスクを回避することに
ある。APAは，納税者の用いる移転価格算定方法についての予測可
能性を保証し，納税者にとっても税務当局にとってもコストがかか
る移転価格調査や訴訟を回避することとなると述べている。さらに，
APAは，税務当局と納税者の双方に友好的協力関係を築くこととな
るとしている。

④　両税務当局は，対象取引，対象期間，移転価格算定方法，クリティ
カルアサンプションについて合意することとなる。

⑤　移転価格問題にアイルランドを含めて3か国以上が関与することと

125

なる場合，歳入庁は，２つの二国間APAを合意することを検討する。納税者が望むのであれば，歳入庁として多国間APAを検討することもやぶさかではないとしている。多国間APAについては種々の困難があることから，歳入庁は消極的なのであろう。

⑥　歳入庁は，単独のAPA（Unilateral APA）は考えていない。

⑦　APAの申請は，納税者の見解が歳入庁に受け入れられるかとの照会，確認とは別のものであり，それらについては別途ガイドラインが定められている。

(2)　二国間APAに適しているケース

①　独立企業間取引および租税条約が適用される国において同様の事業を行っている本支店間（本店とPE間）または支店間（PE間）取引が適している。

②　APAプログラムを開始するに当たって，PEの存在についての検討は必ずしも必要でないが，納税者と両税務当局の間でPEを前提としている場合には，当該PEに帰属する利益についてはAPAの対象となる。

③　APAの申請に先立ち，歳入庁は相手国の当局がAPAの交渉に入るか否かについて相手国当局と相談することがある。

④　APAに適しているか否かは，各事案の事実関係によって異なる。APA申請が受理されるためには，対象取引が複雑で，APAの合意がない場合二重課税となる可能性が高いことが必要である。

⑤　APA申請内容が以下に該当する場合には申請が受理されるであろう。

・独立企業原則を適用する際に用いた移転価格算定方法に疑義がある。

・APAがなければ二重課税となる可能性が高い（例えば，同一の取引について過去に移転価格課税を受け，相互協議が実施されたとか）。

・納税者が独特の移転価格算定方法を採用している。

・移転価格算定方法が複雑な内容または複雑な計算を要するものである（例えば，利益分割法）。

　　・信頼できるコンパラブルが見当たらない，または，コンパラブルはあるが重要かつ複雑な差異調整を必要とする。

　　・APA対象取引が，契約済または契約直前のものであり（すなわち，仮定のものではない），APA期間中に変更されない。

　⑥　以下のような場合は，APA申請が却下されるかもしれない。

　　・取引が日常的に行われているものであり，移転価格算定方法を適用するに当たって重大な疑義がない。

　　・APA対象取引が，アイルランド法人の海外取引のうちの極めて一部にすぎない。

　　・APA対象取引が，租税回避スキームの一部であるか，第三者の租税回避を助長する可能性がある。

　　・APA対象取引に関して納税者が不服申立てまたは訴訟を行っている。

　　・租税条約締結相手国によってAPAが却下されている。

(3)　二国間APAの期間およびロールバック

　APA対象期間は，納税者が申請するものであるが，通常3～5年である。歳入庁は，それ以外の期間であっても検討すると述べている。

　BEPS行動計画14に基づき，歳入庁は必要に応じロールバックについて検討する。しかし，ロールバック期間については限度があり，また，事実関係等が同一でなければならない。また，以下の点が考慮されるとしている。

　　・ロールバック期間について移転価格調査が実施されていないか

　　・ロールバック期間について納税者が不服申立てまたは訴訟を行っていないか

　なお，ロールバックを認める場合は，移転価格部門は他の部署と相談することとなる。

＜第４部　ＡＰＡ手続＞

　ＡＰＡの手続は，事前相談，正式な二国間ＡＰＡ申請，申請内容の審査および交渉，正式な合意，年次報告の各段階を経て行われる。

　歳入庁は，原則として申請後２年以内にＡＰＡを合意させたいとしている。もっとも，事案の複雑さ，納税者の協力度合い，相手国との交渉状況（回数）次第であるとも述べている。また，納税者が情報を提供しない等非協力である場合には，歳入庁がＡＰＡ手続きを中止することもあると述べている。

　他国と合意するまでは，納税者と歳入庁双方は，ＡＰＡ手続きを撤回または中止することができるとしている。歳入庁がＡＰＡ手続きを中止する場合は，納税者に対してその理由を開示する。納税者がその決定に不服があるときは，再審査を求めることができる。

　他に救済手段がある場合であっても，ＡＰＡ申請に関して歳入庁が下した結論に不服があるときは，「歳入庁不服申立て手続き（Revenue's Complaint and Review Procedures）」に基づき納税者は不服申立てを行うことができる。

(1)　事 前 相 談

　事前相談の段階では，納税者（その代理人を含む）はＡＰＡ申請に関して非公式に移転価格部門と相談することができる。ＡＰＡを効率的に進展させるために，歳入庁は納税者に事前相談をするよう推奨している。

　事前相談の目的は，ＡＰＡ申請が適切か否かを検討することにある。事前相談を行うことによって，ＡＰＡ対象となる法人，取引，期間，移転価格算定方法といった項目について，議論，検討することができる。本マニュアルでは，これらの項目について別表として提示している。

　歳入庁にとっても，事前相談の段階で納税者に今後の進め方や問題点を示すことができ，早期段階で納税者が対応できることとなる。通常，歳入庁は，申請されたＡＰＡを受理できるか否かを納税者に示すこととなる。

事前相談の段階で，納税者が正式なAPA申請を行うためにさらなる情報提供が必要であると歳入庁が判断すれば，納税者に情報を要求することとなる。

歳入庁がAPAに適していないと判断したときには，理由を添えて文書で納税者に伝えることとなる。納税者がそれを不服とする場合は，前述のように不服申立てを行うこととなる。

OECD移転価格ガイドラインでは，事前相談の段階では匿名の相談も認めているが，歳入庁は実名によることを強く推奨している。歳入庁は，例外的に匿名も受け付ける場合もあるとしているが，匿名の場合は，正式な手続きに進まないと明言している。

(2) 正式な二国間APA申請

APA対象期間が始まるまでに正式な申請書を提出しなければならないとしている。その際は，第7部に記載された部署に申請書3部を提出することが求められている。申請書に含まれるべき情報は別表2に記載されている。対象取引，機能分析，経済分析，移転価格算定方法，コンパラブル，差異の調整等であるが，これがすべてではなく，APA申請の前に納税者と歳入庁で議論されるとなっている。

申請書は，真正かつ完全でなくてはならず，使用言語は英語またはアイルランド語とされている。

(3) APA申請の評価とAPA交渉

この段階では，納税者によって提出されたAPA申請書の評価と他国の権限ある当局との交渉が行われる。

評価に際して，納税者に対して説明を求め，または，追加情報を提出するよう要請することがある。納税者のこのような要請に対して原則として60日以内に回答することが求められるが，場合によっては期限が延長される。

歳入庁は，事案を理解するため，組織の概要の説明を求めるが，納税者

が希望するならば，両国の当局と納税者を交えたミーティングの場を設けることも可能としている。歳入庁は，APA申請にかかる自らのポジションを示したポジションペーパーを相手国の権限ある当局に送付する。無論当ペーパーは秘密に扱われる。

評価が終了すると，相手国の権限ある当局との交渉に進むこととなる。納税者はこの交渉の場には参加できないが，歳入庁は納税者に協議結果を伝える。

もし，歳入庁が相手国の権限ある当局と合意に達することができなかった場合，納税者に対してその理由を協議後30日以内に伝えることとなっている。さらに，合意に達しなかった場合，双方の国の権限ある当局はそれ以上議論する義務はないとしている。

(4) 正式な合意

歳入庁が相手国の権限ある当局と合意に達した場合は，合意内容を協議後30日以内に納税者に文書で伝えることとなっている。歳入庁は，通知書受領後30日以内に当該合意内容について納税者が受け入れるか否かについて回答するよう納税者に求める。

協議結果が納税者の申請内容と異なる場合もありえる。納税者が当該合意内容を受け入れられない場合，納税者の相談を受けたのち，相手国の権限ある当局と合意内容の修正が可能かどうか協議することも否かではないとしている。相手国の権限ある当局との修正協議で合意できない場合，納税者は受け入れる義務はなく，APA申請を撤回することができる。撤回する場合，納税者は歳入庁に文書でその旨伝えなければならない。そして，歳入庁は，その旨相手国の権限ある当局に伝えることとなる。

納税者が合意内容を受け入れる場合は，文書で歳入庁に回答することが求められる。

APAの合意内容には例えば以下の項目が含まれる。

・対象取引

130

・期間（ロールバック期間を含む）

・移転価格算定方法

・対応的調整

・クリティカルアサンプション

・納税者のアニュアルリポート

ここには例示されていないが，コンパラブル，差異の調整等も含まれるものと思われる。

歳入庁と相手国の権限ある当局との間で合意した内容について，歳入庁と納税者との間の合意として納税者は正式にサインすることが求められる。

(5) 年 次 報 告

納税者は，APAに規定されたアニュアルリポートを歳入庁移転価格部門に提出しなければならない。また，期限までに法人税確定申告書を提出しなくてはならない。

アニュアルリポートの他にも，以下の情報を提出しなくてはならない。

・納税者がAPAの合意内容を遵守している旨のステートメント

・移転価格算定方法の基礎となるクリティカルアサンプションが有効である旨のステートメント

・実績値を示す財務数値

・APAの目標レンジ内に収まるための調整の詳細

・APAの修正，更新，中止に係る要請

・アニュアルリポート提出前に納税者が気付いた誤り，APAに影響を与えるであろう誤り等があればその情報

アニュアルリポート提出後，歳入庁が追加の情報を求めることもある。納税者が，他国の当局に追加情報を提出した場合，歳入庁移転価格部門にも通知しなくてはならない。

事業内容の変更，事業再編等によって，APAの条件を遵守できなくなった場合，60日以内に歳入庁に通知しなくてはならない。

＜第5部　APAの執行＞

⑴　調　　査

APA対象取引について，通常，移転価格調査は，①納税者がAPA内容を遵守しているか否か，②移転価格算定方法を適用するにあたり，クリティカルアサンプションに触れないか，の二点に限られる。APA対象外取引については，通常の調査が実施される。

⑵　合意内容を遵守していない場合

納税者がAPA内容を遵守していない場合，APAの取消し，修正等どう対応するか他国の権限ある当局と協議することがある。

①　APAの取消しと中止

APAの取消しとは，APAについて効力をなくすことである。歳入庁がAPAを取り消すと，APAが合意されていない状況と同一となる。その場合，APA期間の初日に遡及して無効となる。

APAの中止とは，APAを中止することであり，中止日以降効力をなくすことである。中止日以降，APAが合意されていない状況と同一となる。歳入庁が，APAの取消しや中止を決定する前に，他国の権限ある当局と協議するほか，納税者とも協議するであろう。歳入庁が最終判断を下す前に，納税者は反論の機会が与えられる。歳入庁が，APAの取消しや中止を決定した場合，納税者および他国の権限ある当局にその理由を通知する。

以下のような場合に，歳入庁はAPAの取消しや中止を決定する。

・APAの適用上，納税者が提出した情報に，虚偽記載，誤記，提出漏れがあること

・納税者がAPAの合意内容を遵守していないこと

・相手国当局が当該APAを取消し，または中止したこと

また，以下のような場合にもAPAが中止されることがある。

・クリティカルアサンプションが誤っていたこと

Ⅲ　国際課税

・クリティカルアサンプションから乖離していること
・国内税法または租税条約が改正され，APAの合意内容に重要な影響を与えることとなり，APAを修正することが不可能となったこと
・APAの修正が必要となったにもかかわらず，修正ができなかったこと

　納税者が他国の当局からAPAの取消しや中止を通知された場合，納税者は30日以内に歳入庁移転価格部門に通知しなくてはならない。

　納税者が歳入庁を納得させうる合理的な理由を示すことができる場合，または上述の項目について歳入庁の修正要請を受け入る場合，歳入庁は中止を見送ることもある。

②　APAの修正

　以下の場合には，他国の権限ある当局との協議を経て，歳入庁はAPAの修正を求めることもある。

・クリティカルアサンプションまたはAPAの合意内容に変化があること
・アイルランド国内において，APAの対象取引に影響を与える国内税法または租税条約が改正されたこと

　納税者がAPAを修正することが必要であると判断した場合，その理由，修正内容を添えて30日以内に歳入庁移転価格部門に通知しなくてはならない。その後，歳入庁は納税者と他国の権限ある当局に連絡する。APAの修正について，両国の権限ある当局間で合意に達しなかった場合，または，納税者が両国の権限ある当局間での合意を受け入れられない場合，歳入庁はAPAを中止する。

　APAの修正について両国の権限ある当局間で合意され，納税者がそれを受け入れる場合，決められた日をもって修正されたAPAが効力を有し，当初のAPAは無効となる。

133

③　APAの更新

　納税者がAPAの更新を希望する場合，早期に歳入庁移転価格部門に相談すべきである。歳入庁は，納税者に対し，当初のAPAとの事実関係やクリティカルアサンプションの変更点，および，継続の必要性，移転価格算定方法等を提出するよう求める。

　自動的にAPAが更新されるわけではない。更新されるか否かは，両国の権限ある当局次第であり，納税者が当初のAPAのクリティカルアサンプションが継続して適用されることを如何に主張できるかにかかっている。当初のAPAと移転価格に変化がある場合，歳入庁は新規にAPAを申請するよう推奨する。

＜第6部　情報の秘密保持＞

(1)　国内法の規定

　APAの申請に関して納税者から提出された情報は，1997 TCAに基づき守秘義務が課される。また，APAに関して他国の権限ある当局との間で交換された情報については，租税条約の規定に従い守秘義務が課される。歳入庁はアニュアルレポートを公表しており，APAプログラムについてもAPA件数等一般的な分析を公表するかもしれない。当然のことながら，公表されるものは納税者を特定するものではなく，事業内容を明らかにするものでもない。

(2)　EUに対する情報提供

　2015年12月，事前ルーリング，移転価格に関する取極めについてEU加盟国間で一定の情報を交換することが採択された。これに基づき，2015年12月8日付EU指令（2015／2376）が発遣され，事前ルーリング，移転価格に関する自動的情報交換が行われることとなった。この指令に従い，2017年1月以降，歳入庁もAPAに関する情報を他のEU加盟国およびEU委員会と交換することとなった。

Ⅲ　国際課税

　歳入庁が非EU加盟国とAPAに合意したが，当該国との租税条約におい
て第三者に情報を公開することを禁じている場合であっても，アイルラン
ドは一定の情報を交換する義務がある。EU加盟国およびEU委員会に提供
される情報は，納税者の要請に基づく。

＜第7部　提出先部署＞
　歳入庁移転価格部門宛に二国間APAの申請をするよう記載されている。

5－5　今後の展望

　歳入庁の予測は以下のとおりである。多国籍企業は，移転価格調整に関す
る予想可能性を高めるために二国間APAを申し立てることを促進する。また，
多国籍企業は，どこの国に投資するかを考慮する際の重要な要素として，独立
企業間原則に従ってAPAについて協議することできる強力な権限ある当局で
あるか否かを重視する。BEPSプロジェクトが今後より多くの移転価格に関す
る不確実性をもたらすことが予測され，結果として，多国籍企業がAPAを申
し立てる件数が一層増加することが確実であると歳入庁は考えている。こうし
たことから，歳入庁は立て続けにガイドラインを公表している。
　しかしながら，前述のように歳入庁はフォーマルな二国間APAプログラム
を有していない。APA申立件数の増加とOECDやEUからのプレッシャーから，
アイルランドはフォーマルな二国間APAプログラムを実施することを課題と
して認識している。一方で，アイルランドがフォーマルな二国間APAプログ
ラムを有することには利益があるが，前述のような不利な点もあることを考慮
しなくてはならないとも考えている。また，アイルランドは，他国や多国籍企
業から公正で，透明な国であると認識されるよう配意していることが窺える。

135

6　そ　の　他

6-1　二重課税の排除

6-1-1　国内法に基づく二重課税の排除

　租税条約を締結していない国との間の取引について二重課税が生じた場合，1997 TCAが適用され，一定の所得に係る二重課税の排除のための救済措置が採られる。国内的な救済とは，次のとおりである。

(1)　外国子会社からの配当

　①　支払配当に係る源泉所得税および配当が支払われた利益に係る外国税の税額控除（1997 TCA表24パラ9A，9B）

　②　税額控除できなかった部分のプーリングおよびキャリーフォワード（1997 TCA表24パラ9E）

　③　連結対象グループの企業である外国子会社が支払った配当に係る税額の控除（1997 TCA表24パラ9G）

(2)　海外支店の利益

　①　海外支店の利益についてアイルランド法人が支払った外国税額の控除（1997 TCA表24パラ9DA）

　②　税額控除できなかった部分のプーリングおよびキャリーフォワード（1997 TCA表24パラ9FA）

(3)　受領した企業の事業所得とみなされる国外利子

　①　外国税額控除（1997 TCA表24パラ9D）

　②　アイルランドが租税条約を締結している国に所在する関連企業が受領する利子に係る外国税で税額控除できなかった部分のプーリングおよびキャリーフォワード（1997 TCA表24パラ9F）

Ⅲ　国際課税

⑷　海外資産に関するキャピタル・ゲイン税

①　アイルランドが租税条約を締結しているが，租税条約ではキャピタル・ゲイン税が対象外となっている以下の国におけるキャピタル・ゲインに係る税額の控除（1997 TCA表24パラ9FB）

ベルギー，キプロス，フランス，イタリア，日本，ルクセンブルク，オランダ，パキスタン，ザンビア

②　EU加盟国またはアイルランドが租税条約を締結している国の居住法人である子会社の株式の売却から生じたキャピタル・ゲインに係る税額の免除（1997 TCAセクション626）

なお，これらの救済措置は，EU "Parent-Subsidiaries Directive"（90／435／EEC）（section 831 TCA 1997），the EU "Interest and Royalties Directive"（2003／49／EC）（section 267G-L TCA 1997），the "EU Mergers Directive"（90／434／EEC）（sections 630－638 TCA 1997）and the EU Arbitration Convention（European Communities Mutual Assistance in the Field of Direct Taxation Regulations 1978）（S. I. 334 of 1978）において認められている救済を国内法に導入したものである。

６－１－２　租税条約に基づく二重課税の排除

アイルランドの租税条約コメンタリー第23条において，二重課税排除のために税額控除方式を規定している。これを踏まえ，日愛租税条約等多くの二国間租税条約においても税額控除方式を採用している。

６－２　CFC 税制

アイルランドは，タックス・ヘイブン対策税制（CFC税制）を有していない。したがって，アイルランド法人がタックス・ヘイブン国または地域に設立された法人の株式を所有していても，当該子会社の所得をアイルランド法人の所得に合算されることはない。もっとも，アイルランド自体がタックス・ヘイブンであるから，CFC税制を有する必要性はないといえる。ただし，個人につい

137

てはより税率の低い国へ移動することもありうる。

6-3　過少資本税制

アイルランドは, 過少資本税制（Thin Capitalization Rules）を有していない。したがって, アイルランド法人が親会社からの出資によらず, 負債によって資金を調達していても, その利子について損金不算入とされることはない。

7　国際税務憲章

アイルランドは, 国際的な法人税問題へのアイルランドのアプローチを誘導する原則と戦略的な目的を発表するためとして, 国際税務憲章（Ireland's International Tax Charter）を公表している。その内容は以下のとおりである。
(1)　アイルランドは, オープンで, 透明で, 安定した, 競争可能な法人税制を維持する。以下の方法によりこれを達成するものとする。
　①　国内取引, 国外取引を問わず, 事業所得については12.5％, 事業所得以外の受動的所得については25％の税率を維持する。
　②　持続可能な雇用および経済成長に良いインパクトを与えるよう税制改正を検討する。
(2)　アイルランドは, 以下の方法により, 租税条約相手国と租税情報に係る情報交換を実施する。
　①　情報交換の要請に対しては効率的な方法で応じる。
　②　情報交換の要請の性質を考慮して, 可能な限り包括的な方法で情報を提供する。
　③　二国間租税条約および多国間租税条約に規定する責任や義務を完全に果たす。

Ⅲ　国際課税

(3)　アイルランドは，以下の方法により，EUおよびOECDの規則に沿って，租税情報に関するグローバルな自動的情報交換を実施する。

①　EUの規則を適宜アイルランド国内法に導入する。

②　必要に応じ，OECDでの議論をアイルランドの国内法に反映させる。

③　租税条約締結相手国との租税情報に係る情報交換を促進する。

(4)　アイルランドは，以下の方法により，有害な租税競争に取り組むOECDとEUの努力に寄与する。

①　有害な租税慣行に関するEUの行動規範およびOECDのフォーラムについて積極的に参加する。

②　有害な租税競争を生じさせるような国内法の制定を拒否する。

③　国内法から有害と思われる手段を排除する。

④　OECDのBEPSプロジェクトに積極的に参加する。

(5)　アイルランドは租税問題に関して発展途上国の支援を行う。

①　発展途上国への国際的支援を支持する。

②　権限ある当局に提出する「国別報告書」の適用範囲の拡大を促進する。

③　アフリカの税務当局が権限を強化するよう金融的支援を行う。

④　発展途上国の金融管理システムの強化に努める。

8　小　　　括

　アイルランドが72か国と租税条約を締結していることは，アイルランドに進出している企業または進出を検討している企業にとって，評価できる点である。締結後長期間経った租税条約について改正を行っているようだが，日本等長期間改正されていない国もある。マンパワーの問題もあろうが，早急に改正を要するであろう。また，アイルランドが公表している租税条約コメンタリーについても改正を要するであろう。

従来アイルランドが行った相互協議は多くない。一方，歳入庁に対する照会の回答によれば，相互協議に要した期間は，１件平均約30か月とのことである。歳入庁も認識しているとおり，この期間を如何に短縮するかが今後の課題である。相互協議の経験を積むことによってノウハウを蓄積させ，マンパワーの充実化が必要であると思われる。

　アイルランドが医薬品メーカーやIT関連企業の誘致を推進していることから，知的財産から生じる所得に係る移転価格問題が生じる可能性がある。アイルランドが課税しなくとも，親会社の所在地において親会社に移転価格課税が行われる可能性があり，歳入庁としてもその面での経験やノウハウを蓄積することが必要であると思われる。移転価格に関しては課税からAPAへの移行が進んでおり，歳入庁としては租税条約締結相手国と如何に二国間APAの交渉を行うかが重要な課題であると思われる。また，経験やノウハウを蓄積するだけでなく，相互協議担当者の人材確保が不可欠であると思われる。

　APAに関しては，多国籍企業が多数進出しているにも関わらず，実施件数が少数である。アイルランドの法人税率が低いことからアイルラン子会社から他国企業への所得移転が行われないこと，したがってアイルランドでの移転価格課税が行われないことからユニAPAの申請が行われないものと思われる。一方，本社所在地国においてはアイルランドへの所得移転に対して，移転価格課税が行われる可能性が高く，二国間APAの必要性があると思われるが，コストパフォーマンス等を考慮しAPAを申請しないのかもしれない。なお，APAの手続に関して，例えば歳入庁が60日以内に回答するといったように期間を設定している。日本に比べ，時間厳守の習慣が少ないように感じられることから，このような期間が果たして厳守されているか否か懸念がある。一方，必要に応じ，両国の当局と納税者を交えたミーティングの場を設けることも可能としている点は評価できる。

　歳入庁が非EU加盟国と二国間APAを合意した場合，情報提供に懸念がある。すなわち，当該国との租税条約において第三者に情報を公開することを禁じている場合であっても，アイルランドはEU加盟国およびEU委員会に対し一定の

情報を提供する義務があるとされている。これにより，日本とアイルランドの間で合意したAPAの内容が他のEU加盟国およびEU委員会に提供される可能性が生じる。

国際税務憲章は，国内の納税者に対するというより，諸外国の税務当局およびEU，OECDといった国際機関向けの対外的なアピールのために公表しているのではないかと思われる。

IV

アイルランド進出の現状と課題

1 アイルランドでの法人設立

1-1 法人の種類

アイルランドにおいて設立される法人について，会社法であるCompanies Act 2014は，以下のように規定している。

(1) **Limited Company**

有限責任を負うメンバー（株主）によって構成される会社であり，以下の5種類に細分される。

① Private Company Limited by Shares（LTD Company）

有限責任であるメンバーによって株式が保有されている会社。メンバーの上限は149人とされており，取締役は1人以上であれば設立できる。

② Designated Activity Company（DAC）－（limited by shares）

有限責任であるメンバーによって株式が保有されている会社。メンバーの上限は149人とされている。取締役は2人以上でなくてはならない。

③ Designated Activity Company Limited by Guarantee（DAC）－（limited by guarantee）

出資のほか会社の資産に対する保証額について有限責任を有するメンバーによって株式が保有されている会社。メンバーの上限は149人とされており，取締役は2人以上でなくてはならない。

④ Company Limited by Guarantee（CLG）

会社の資産に対する保証額について有限責任を有するメンバーによって株式が保有されている会社。慈善団体等に適している。

⑤ Public Limited Company（PLC）

有限責任であるメンバーによって株式が保有されている会社。資本金は25,000ユーロ以上必要であり，そのうち少なくとも25%は事業開始前に払い

145

込まれていなくてはならない。

(2) **Single Member Company**

1人のメンバーによって構成されている会社。2人以上の取締役，および1人のセクレタリーがいなくてはならない。

(3) **Unlimited Company**

無限責任であるメンバーによって株式が保有されている会社である。

Companies Act 2013では，以下のように規定していたが[52]，上記のとおり改正された。

(1) **Limited Company**

① Private Company Limited by Shares（LTD Company）

株主の上限は99人

② Company Limited by Guarantee not having a share capitals

7人以上の株主が必要。責任を有する金額についてはメモランダムで規定。

③ Company Limited by Guarantee having a share capitals

株主の上限は99人

④ Public Limited Company（PLC）

資本金は38,092.14ユーロ超必要であり，そのうち少なくとも25％は事業開始前に払い込まれていなくてはならない。

(2) **Single Member Company**

1人のメンバーによって構成されている会社。2人以上の取締役，および1人のセクレタリーがいなくてはならない。

(3) **Unlimited Company**

無限責任である株主によって株式が保有されている会社である。

2011年12月31日現在，LTD Companyが86.15％，Company Limited by Guaranteeが8.45％，PLCが0.97％，Unlimited Companyが2.23％，その他2.19％となっている。

---

[52] Bernard Doherty"Corporate Transactions：Tax and Legal Issues Finance Act 2014"Irish Tax Institute（2015）pp. 14－15.

設立登記は，Companies Registration Officeにおいて行う。

1－2　法人設立のアドバンテージ

アイルランドで法人を設立するに当たっては，優遇税制以外にも以下のようなアドバンテージがある。

・設立費用が安価

・設立に要する期間が短い

・取締役はEUの国籍があれば可

・株主は1人でも可

・100％海外株主でも可

・国内株主と海外株主との間に取扱いの差はない

・企業経営においてアイルランド人が参画する必要はない

2　アイルランドの優位性

2－1　「4T」と「4E」

アイルランドへ進出するに当たり，「4T」「4E」と呼ばれる優位性がいわれている[53]。「4T」とは，Talent（人材），Truck record（実績），Tax（租税），Technology（技術）をいい，「4E」とは，EU（EU加盟国），English（英語を使用），Ease of business（ビジネスのやりやすさ），Education（教育レベル）をいう。

Taxについては，後述の優遇税制のとおりである。EducationおよびTalentについては，アイルランドの大学の教育水準が高く評価され，大学進学率は欧州の中でも傑出していること，すなわち，そのようにしてきた政府の政策が背

---

[53] 「アイルランドの魅力は法人税率だけではない－リンクトイン，ドロップボックスが進出するわけ－」東洋経済オンライン，2013.12.10。

147

景にある。北アイルランドを含め，アイルランドの高等教育機関は総合大学9校（University）[54]，県立大学14校（Institute of Technology），教員養成カレッジ（College of Education）と私立カレッジ（Independent College）の4つに分けられる。1990年代に，学費を免除し，大学への門戸が広く開かれている。大学では高度な研究が行われ，産業界とも連携している。こうしたことから優秀な人材を多く輩出している。また，英語が公用語であることは，特に米国企業にとって大きな魅力であるといわれている。

2-2　その他の要因

「4T」と「4E」のほかにも以下のような優位点があげられる。

(1) インフラ

アイルランドは，インフラが整備されている。

(2) ロケーション

国内市場は小さいが，欧州市場の拠点となりうる。また，中東，アフリカにも近く，有利なロケーションにある。

---

[54] ＜Dublin City University＞，＜Queen's University Belfast＞，＜University of Dublin, Trinity College＞，＜University of Limerick＞，＜University of Ulster＞，＜National University of Ireland, Galway＞，＜National University of Ireland, Maynooth＞，＜University College Cork, National University of Ireland＞，＜University College Dublin, National University of Ireland＞の9校であり，このうち最古の大学であるUniversity of Dublin, Trinity Collegeは16世紀に当時の支配国である英国によって創立された。

3 政府の外資誘致

3-1 産業開発庁

　アイルランドにおける外資誘致政策は，1950年代に始まり，アイルランド政府が1969年に産業開発庁（Industrial Development Agency：IDA）[55]を設立した頃から本格的に誘致に取り組むようになった[56]。IDAは，米国企業の積極的な誘致を図ってきており，当初は，フォード，ジェネラルエレクトリック（GE）等の製造業が進出していたが，その後，アップルをはじめとするIT関連企業が進出することとなった。アイルランドは資源を有しておらず，また，独自の産業を有していないことから，外国からの投資に頼らざるをえない面がある。したがって，現在でも，積極的に誘致活動を行っており，IDAは世界各地（米国6，東京1[57]他）に拠点を設けている。

3-2 商 務 庁

　アイルランド政府には商務庁（Enterprise Ireland）が設置されており，国内企業向けに各種の支援活動を行っている。原則として外国企業は対象外であるが，外国企業にとっても活用の余地がある。

　大部分が小企業である国内企業が外国企業と取引，しかも製品販売を行うことには困難が伴う。そこで，商務庁が経費を負担して外国企業を招聘し，製品およびサービスを販売することを促進する「Inward Buyer Visit」というプログラムが設けられている。アイルランド製品の購入を図る日本企業にとっては

---

[55]　IDAのホームページhttp://www.idaireland.com/　http://idaireland.jp参照。

[56]　JETRO「旺盛な米国企業進出の背景（アイルランド）」JETROユーロトレンド（2002.7）p.26。

[57]　日本事務所の所在地：東京都千代田区麹町2-10-7アイルランドハウス2階。

その活用を検討する価値があるかもしれない。

産業開発庁と商務庁の所掌内容は，図表22のとおりである。

図表22　産業開発庁と商務庁のクライアントおよびミッション

	産業開発庁	商　務　庁
クライアント	アイルランドに拠点を置いた外資系企業	アイルランド企業（アイルランドを本店／拠点として登録された企業）
ミッション	外国企業をアイルランドに誘致することで，アイルランドに拠点を置いた外資系企業による雇用増加を目指し，アイルランド経済の活性化を図る。	アイルランド企業の成長と雇用増加のための手段の一つとして輸出促進とそのサポートを行う。

（出典：商務庁からのヒアリング）

なお，商務庁もIDA同様東京にオフィスを設けている。

4　優 遇 税 制

4-1　概　　　要

アイルランドの法人税については，既に第Ⅱ章において言及したが，ここで再度優遇税制について整理してみたい。主要な優遇税制は，以下のとおりである。

① 事業所得にかかる法人税率12.5％（ただし，受動所得については25％）

② 研究開発費にかかる税額控除

　一定の研究開発費の25％を法人税額から控除

③ Knowledge Development Box税制

　無形資産から生じた一定の所得について実質的な法人税率が6.25％に軽減される。

④　新設法人に係る課税の特例

　新設法人について，法人税額が40,000ユーロ以下等一定の条件の下に３年間まで法人税の納付が免除される。

⑤　租税条約締結相手国の居住者に支払う配当に関する源泉徴収免除

4-2　法人税率

　アイルランドの法人税率は，かつて40％と高率であったが，図表23のとおり段階的に引き下げられてきた。

図表23　アイルランドの法人税率の推移

(単位：%)

事　業　年　度	標準税率	最高税率	最低税率
1991.4〜1995.3	40	－	－
1995.4〜1997.3	38	－	－
1997.4〜1997.12	36	－	－
1998.12	32	－	－
1999.12	28	－	－
2000.12	24	25	12.5
2001.12	20	25	12.5
2002.12	16	25	12.5
2003.12〜	12.5	25	－

（筆者注）　最高税率は非事業所得に対して，最低税率は中小法人に適用。
（出典：「Irish Taxation：Law and Practice 2016／2017」Irish Tax
　　　　Institute）

　また，主なEU諸国の法人税率は図表24のとおりであり，アイルランドの法人税率が如何に低率であるか明らかである。

図表24　主なEU諸国の法人税率（2016年）

（単位：%）

国　　名	法人税率
ベルギー	33.99
フランス	33.3
ドイツ	29.72
イタリア	31.4
オランダ	25
スペイン	25
スイス	＊17.92
英国	20

＊　スイスは2015年

（出典：「Corporate Tax Rates Table 2016」KPMG）

　課税ベースが異なるので，単に法人税率のみを比較することは適切でないが，アイルランドの法人税率12.5％はEU諸国の法人税率と比較して低率である。

5　アイルランド進出企業

5－1　近年の進出業種

　アイルランド政府は，伝統的な製造業から，付加価値の高い産業への転換を進めており，近年同国に進出している業種は，情報通信テクノロジー，ライフサイエンス，金融，デジタルメディアといった業種が多い。

⑴　情報通信テクノロジー

　データ通信，コンピュータ，半導体等の分野であり，世界の上位企業の多くがアイルランドに拠点を設置している。

⑵　ライフサイエンス

　バイオテクノロジーを含む医薬品製造の分野であり，世界の上位企業の多く

152

Ⅳ　アイルランド進出の現状と課題

がアイルランドに拠点を設置している。
(3) 金　　　融

　ダブリンに国際金融センター（International Financial Service Center：IFSC）が設立されており，金融サービスの拠点となっている。
(4) デジタルメディア

　ソフトウェア，テクニカル・サポートのほかシェアード・サービスの分野であり，世界の上位企業の多くがアイルランドに拠点を設置している。

5－2　米国企業

　アイルランドへの直接投資の約70％は米国企業によるものである。米国の法人税率が30％を超えていることから，アイルランドの低い法人税率だけでも大きなメリットがあるうえ，租税条約や国内税法を利用すると租税負担額をかなり減少することが可能であった。さらに，前述のとおり，4Eといった点で，米国企業が進出しやすい環境にあり，約600社が進出しているといわれている。アイルランドは，米国企業の欧州拠点となっており，アクセンチュアのように本社機能をアイルランドに置く企業もある[58]。本社機能を置かないまでも，欧

写真6
アクセンチュア本社

────────

[58]　アクセンチュアは，ペーパーカンパニーではなく，実際にオフィスを有している。

153

州統括会社等をアイルランドに置く企業も多い。

IDAが公表しているアイルランドに進出している米国企業リストには，アボット，AIG，Airbnb，アリコ，アップル，バンクオブアメリカ，バクスター，ボストンサイエンティフィック，シティバンク，コカ・コーラ，Dell，ドロップボックス，イーライリリー，フェイスブック，GE，グーグル，ヒューレット・パッカード，IBM，マイクロソフト，オラクル，ツイッター，ヤフー等多数の米国企業が名を連ねている[59]。業種も多岐にわたっているが，IDAが重点を置く情報通信テクノロジー，ライフサイエンス，金融，デジタルメディアといった業種が多い点に特徴がある。もっとも，これらの分野では米国企業が強いことが背景にある。

マイクロソフト社は，1985年から進出しており，オペレション・センター，開発センター等を設置しており，従業員数も1,000名を超えている。フェイスブック社も国際展開オフィスを設置している。

就職するアイルランドの学生にも影響を与え，2015年入社したい企業の1位グーグル，2位PwC，3位アクセンチュア，5位デロイトと，米国企業が並んでいる[60]。

従来から進出している企業でも新規投資を行う企業が増えており，なかでもグーグルは，最近1億5,000万ユーロ（約174億円）を投じてアイルランド国内にデータセンターを設立したことがアイルランド政府によって発表された[61]。グーグルは，アイルランド国内で直接雇用3,000人，委託契約による雇用3,000人，計6,000人を雇用しているといわれている。

---

[59] http://www.idaireland.com/business-in-ireland/company-listing/.

[60] Ruairi Kavanagh "Ireland's 100 leading graduate employers 2015／2016 9th edition".

[61] 2016年8月1日産業開発庁（IDA）プレスリリース。

5－3　英国企業

　アイルランドには以前から英国企業が進出しているが，米国企業ほどではない。現在，バークレイ銀行，グラクソ・スミスクライン，HSBC証券，アイソフトビジネスソリューションズ，ジョン・クレーン，マグレガー，ナショナル・ウェストミンスター再保険，シナジーヘルスといった企業が進出している。

5－4　日本企業

　1960年前後から，日本企業のアイルランド進出が始まり，1973年アイルランドがECに加盟したことを契機として，加速したようである。1960年前後，ブラザー工業，ソニー等の日系企業のメーカーがアイルランドに進出している[62]。1970年代に，旭化成，NEC，日本水産，ノリタケ，三井電満，丸紅等が進出している。しかし，その後，コスト高やリーマンショックの影響を受け多くのメーカーが撤退を余儀なくされている。現在，日本からの進出企業数は多くなく[63]，主な進出分野は，ライフサイエンス，情報通信テクノロジー，金融，デジタルメディアである。東洋経済新報社「海外進出企業総覧国別編（2016）」では，進出企業数39社，現地法人数44社とされている。2014年では，各々36社，42社であったことから，若干増加したことが窺える。2015年，SMKエレクトロニクス・ヨーロッパが新設されている。現地法人の進出形態は，米国企業に比べて，組織的な点においてシンプルである。

　1977年，当時の企業がメンバーとなり日本企業懇親会（のちに日本企業懇和会に名称変更）が発足し，アイルランド政府との橋渡し役として活躍することとなる。

　なお，支店数は極めて少なく，三井住友ファイナンスリース，ヤクルトが支店を設置しているとされる[64]。

---

[62]　林景一『アイルランドを知れば日本がわかる』角川oneテーマ21（2009）p.163。

[63]　JETROの資料によれば約80社となっている。

[64]　東洋経済新報社「海外進出企業総覧国別編（2016）」。

5-4-1 メーカー

ブラザー工業は，1958年販売会社ブラザー・インターナショナル・コーポレーション・アイルランド社を設立した[65]。2008年の創立50周年記念式典には，当時のレニハン財務大臣が出席して，同社のアイルランド経済への貢献に謝意を述べたとのことである。

日産自動車は，1977年販売子会社ニッサン・アイルランドを設立した。2010年には，ルノー・日産アライアンスが，アイルランド政府および最大の電力業者であるESBと電気自動車の普及，促進を図る覚書を締結した。

キヤノンは，1987年販売子会社キヤノン・アイルランド・ビジネス・エクイップメントを設立した。

アルプス電気は，1988年主に欧州自動車メーカー向け車載用の電子部品を製造するアルプス・エレクトリック・アイルランドを設立した。進出理由として，英語が公用語であること，教育制度が整備されていること（工科大学の存在）をあげており，また，同子会社は，世界各地のアルプス・グループの中でも労働者の定着率が高いとも述べている[66]。なお，アルプス電気は，全世界で約37,000人の従業員が在籍しているものの，日本には約6,000名しかおらず，3万人が海外の社員である。1989年から外国人を積極的に採用し始め，海外拠点の拡大には外国人の活用が不可欠であるとし，現地に根を生やした会社になることを目指しているという[67]。

ネリキは，1995年高圧ガス容器用バルブ等を製造するネリキ・ヨーロッパを設立した。進出理由として，高い教育水準，安定した気候，欧米への輸出の容易さをあげている。以前は，転職する労働者が多かったが，リーマンショック以降定着率が上がっているとのことである[68]。2000年代には，大日本スクリー

---

[65] ブラザー工業HP「ブラザーの歴史」http://www.brother.co.jp/.

[66] JETRO海外調査部「fly in suit ～アイルランド出張ハンドブック～」2011年3月p.38。

[67] 2014年7月12日付日経産業新聞。

[68] JETRO海外調査部「fly in suit ～アイルランド出張ハンドブック～」2011年3月p.40。

ン製造（現Screenホールディングス）が保守サービスを行うダイニッポン・スクリーン・アイルランドを設立した（ドイツ現法の100％子会社）。なお，組織変更により現在はスクリーンSPEアイルランドとなっている。

2001年，アイルランドから副首相率いる貿易使節団が来日し，NEC，日立，三菱重工業をはじめ日本企業各社と業務提携契約を締結した。このとき，NECは，アイルランド法人エンジニアリング・ソリューションズ・インターナショナルにスーパーコンピュータを納入することとなった。

山之内製薬（現アステラス製薬）は，1988年開発製造を行うヤマノウチ・アイルランドコーポレーション（現アステラス・アイルランド・コーポレーション）を設立した。販売子会社であるアステラス・ファーマ・コーポレーションも設立されている。武田薬品工業は，2002年医薬品製造を行うタケダ・アイルランドを設立した。2009年，コスト低減，生産性向上を目指して，原薬工場であったタケダ・ファーマシューティカル・インダストリーを医薬品製剤工場であったタケダ・アイルランドに統合した。第一三共は，2008年販売子会社ダイイチ・サンキョウ・アイルランドを設立した。

富士通は，当初製造を行っていたが，現在は情報通信テクノロジー分野で事業を行っている。2013年㈱富士通研究所とフジツウ・アイルランドがアイルランドの研究機関と共同で，アイルランドのスマートハウスにてICTを活用した居住者の健康モニタリングと自立生活支援のための研究プロジェクトを開始したことが公表されている[69]。当該プロジェクトは，日本の技術力とアイルランド政府の誘致政策がマッチしたものと思われる。アイルランド政府産業開発庁長官は，「アイルランドの三研究団体と富士通の共同研究により，ICT部門とライフサイエンス部門双方における研究開発の投資先としてのアイルランドの盤石な実績が大きく伸びる。本投資の結果として進展する技術は世界の高齢者への医療提供を激変させるものとなるだろう」と述べている。

しかし，一方で撤退する企業も相次いでいる。旭化成は，1997年，アクリル

[69] 2013年6月28日産業開発庁（IDA）プレスリリース。

原綿製造子会社であるアサヒシンセティックファイバーズ（1974年設立）とアクリル紡績子会社であるアサヒスピニング（1974年設立）を清算し，アイルランドから撤退した。

NECエレクトロニクスは，コスト高を理由に，2006年半導体を製造していた子会社（1976年操業開始）を清算し，撤退した。なお，NEC通信システムが2008年トリニティカレッジとオール光ネットワークの共同研究を開始するなど，NECグループ全体ではアイルランドとの取引を行っている。

日立工機は，2016年欧州向けの電動工具を製造していたヒタチ・コーキ・ヨーロッパ（1995年設立）を清算し，アイルランドから撤退した。同社は，リーマンショックや欧州債務危機などによるユーロ安等により収益力が低下したことが原因と説明している[70]。これに伴い，日立工機は2016年3月期連結決算において約13億円の損失を計上している。

これらのほか，ノリタケ，三井電満，マクセル，TDK，オムロン等が撤退している。

5-4-2　ゼネコン

アイルランドは国土が狭く，大部分は農地であるが，道路網の整備は必要である。さらに政府が外資誘致を推進する以上インフラ整備は必要不可欠である。空港，港，路面電車（LUAS），発電所等の建設工事の需要があるうえ，一時は，地下鉄建設の話も持ち上がった。

2001年日本の建設会社として初めて，西松建設が英国企業モーレムとのジョイントベンチャーにより，ダブリンのポートトンネルの大型工事を受注し[71]，丸紅が資材の供給を行った。同トンネルは2006年完成したが，設計変更等による損失が発生することとなり，連結決算において影響を与えることとなった。この影響か，その後交通関連のプロジェクトに日本のゼネコンが参加したとの話を聞かない。

---

(70)　2016年2月25日付同社プレスリリース。

(71)　日経コンストラクション2001年1月26日号p.33。

5-4-3 商　　社

　丸紅と三井物産がアイルランドに自己の事務所を設置し，三菱商事，伊藤忠，住友商事，日商岩井，兼松，ニチメン等の大手商社が関連会社または出資先に駐在員を送り出した。商社は，アイルランドで生産された酪農品，水産物をはじめあらゆる製品を取り扱っていたが，近年エネルギー事業等へ進出している。2013年丸紅がアイルランドの再生可能エネルギー事業者メインストリーム・リニューワブル・パワーへ資本参加したことが公表された[72]。同社は，陸上風力・洋上風力・太陽光発電事業を世界規模で開発している企業である。丸紅は，欧州再生可能エネルギー事業分野では，2011年11月に英国ガンフリートサンズ洋上風力発電所へ参画し，翌2012年5月にシージャックスを買収して，特殊船を用いた洋上風力発電所据付事業へ参入するなど，当該分野において事業分野を拡大してきているとのことである。

　また，2016年三菱商事が欧州において電力関連サービスを展開するアイルランド企業エレクトロルートへの資本参加を公表している[73]。

5-4-4　金融・リース等

　従来，銀行等が進出していたが，最近の傾向として，リース特に航空機リース，ファンドの分野で進出するケースが顕著である。

　リースでは，三菱UFJリースが1995年ミツビシUFJリース＆ファイナンス・アイルランドを設立した。航空機リースでは，7社が設立された。1991年オリックスがオリックス・アビエーション・システムズを，1996年兼松がKGエアクラフト・リーシング・カンパニーを，2002年芙蓉総合リースがFGLエアクラフト・アイルランドをそれぞれ設立した。また，2001年，三井住友フィナンシャルグループ，三井住友ファイナンス，住友商事の3社が出資するSMBCアビエーション・キャピタルが設立された。その後，2007年三菱商事がMCAPヨーロッパを設立している。世界，特に中国で高まる航空機ニーズを考えると

---

[72]　丸紅HP　http://www.marubeni.co.jp/。
[73]　2016年10月14日付同社プレスリリース。

航空機リース事業の需要が見込まれ，ダブリンに進出することは首肯される。

　銀行では，三井住友銀行が 1989年スミトモ・ミツイ・ファイナンス・ダブリンを設立し，2014年には欧州三井住友銀行（英国）ダブリン支店が開設された。

　保険では，三井住友海上保険が1999年再保険会社ミツイ・スミトモ・リインシュランスを，2011年保険業に係わる業務代理を行うMSIインシュランス・マネジメント・アイルランドを設立した。ファンドに関しては，三井住友信託銀行が1995年ファンド管理業務を行うダイワ・ヨーロッパ・ファンド・マネジャーズ・アイルランドおよびダイワ・ヨーロッパ・トラスティ・アイルランドを設立し，2004年持株会社ダイワ・セキュリティズ・トラスト・ヨーロッパを設立した。その後，外国籍ファンドの管理業務を行うスミトモ・ミツイ・トラスト・アイルランドも設立した。金融関連企業では，日立クレジット，朝日火災保険が撤退している。

　なお，投資環境については後の7において言及する。

5−4−5　その他の業種

　近鉄エクスプレスは，1996年キンテツ・ワールド・エクスプレス（U.K.）との折半出資によりキンテツ・ワールド・エクスプレス・アイルランドを設立した。NTTデータは，2012年アイルランド企業テレコミュニケーションズ・ソフトウェア＆システムズ・グループとビッグデータ／ビジネスアナリティクス活用を目的したデータ分析技術の開発に関する共同研究を開始した。楽天の子会社で電子書籍事業を行うコボは，2012年アイルランドにソフトウェア開発センターを設立すると発表した。進出理由は，高学歴の人材や世界レベルの学術機関の利用が可能であることとしている。トレンドマイクロは，子会社トレンドマイクロ（EMEA）を設立し，同子会社は，2010年オンラインストレージといったクラウド技術を有する英国企業humyo社を買収している。電通は，2015年アイルランド企業PMLグループの95％の株式を追加取得し，完全子会社化した。同社は， 1982年設立された最大手の屋外広告専門広告会社であ

る[74]。

IDAの助成もあり，学校法人が全寮制の中高を設立したものの，2000年には撤退している。

5−5　その他の国の企業

上記の米国企業，日本企業のほか，有名企業であるノバルティスファーマ，アリアンツ等がアイルランドに進出している。

2006年IDAが上海オフィスを開設したこともあり，近年中国企業の進出が見られる。最初に進出したSatirのほか，Chemical Inspection & egulation Service（CIRS），Firecomms，Huawei technologies，ICBC Financial Leasing，Jy Aviation Leasing，Sioaero Leasingが進出している。なお，ファンド・プロモーターとしては香港の企業が進出している。

6　アイルランドに進出している日本企業に対するヒアリング

アイルランドへの進出理由等に関して，現地法人4社に協力いただきアンケート調査，ヒアリングを行った。課税に関する情報は企業の機密事項に当たるため，課税に関する事項は含まれていない。業種，進出年代によって差があるが大要は，以下のとおりである。

---

[74]　2015年11月13日付同社プレスリリース。

161

(1) 進 出 理 由

　アイルランド進出の理由として，企業誘致政策，優遇税制，人材・労働力コスト，M&A等があげられた。欧州市場を睨んで，欧州の拠点設置との理由は見当たらなかった。

(2) アイルランド以外の国との比較検討

　アイルランド進出に当たり，アイルランドのみを検討した企業と，英国，オランダ等他のEU加盟国と比較検討した企業がある。

(3) 政府開発庁（IDA）

　進出に当たり，政府開発庁（IDA）の存在は概して役に立ったと認識されている（ただし，どちらともいえないとの回答もあり）。

(4) 4Tと4E

　アイルランドの優位性として4Tと4Eがいわれているが，それらは評価されている。

(5) インフラとロケーション

　業種の相違があることから，評価できるとできないに二分された。

(6) 法人税率等優遇税制

　進出に当たり，低率の法人税は魅力的であると捉えられている。なお，業種によると思われるが，研究開発費および知的財産に係る優遇税制に関しては，魅力的であるとの回答はなかった。また，新設法人に対する課税の特例については，利用しなかったか利用できなかったとのことである。

(7) 日愛租税条約

　1974年に発効された日愛租税条約に関しては，ロイヤルティに係る源泉地国課税を認めている等内容が現在の実態に合わないことから早急な改正が望まれている。

(8) 所 得 税 率

　アイルランドの所得税率（20％と40％）は高いと認識されている。

(9) 英国のEU離脱の影響

　英国のEU離脱について，アイルランド子会社への影響はないかどちらともいえないと認識されている。また，離脱を機に英国の関連会社からアイルランド子会社へ機能を移転する可能性については，ほとんどないようである。

7　投資環境

7-1　金融センター

　1987年アイルランド政府は，ダブリン市内に国際金融センター（International Financial Service Center：IFSC）を設立した。そのなかには，シティ・グループ，JPモルガン，ドイツ銀行，本邦銀行等が入居している。

写真7
IFSC

7－2　マネーマーケット

　アイルランドは，欧州有数のマネーマーケットの拠点となっており，世界最大のヘッジファンド管理センターといわれる。アイルランドを登記地とするものおよび海外を登記地とするものを合わせたファンド総数は1万を超え，幅広いファンドが取り扱われている。国内登記ファンドの約80％を占めているのが，譲渡可能証券ファンド（Undertakings for the collective investment in transferable securities：UCITS）である。UCITSは，EUによって管理されている。UCITSはヨーロッパの小口投資者による全投資の約75％を占めているといわれている。アイルランドでは，UCITS規則を制定（2011年7月1日から実施）し，アイルランド中央銀行がUCITSの認可と監督を所掌している。

　アイルランドでファンドが組成される要因の一つに租税の優位性があげられる。投資ファンドは，投資家の居住地に関係なく，その所得に対して課税されない。また，国内ファンドから非居住者である投資家に支払われる分配金や償還金についても源泉所得税が課されない。アイルランドとしては，ファンドに係る税収がなくとも，雇用面でのメリットが大きいと考えていると思われる。

　アイルランドでは50近くの管理会社，20近くの信託保管銀行があり，ファンドが約1万人を雇用しているほか，これに関連して，多数のファンドプロモーター，弁護士，会計士等が雇用されている。

　ファンドに係るアイルランドの優遇税制については，EUにおいても認められている。アイルランドは，かつてのスイスのような銀行秘密主義を実施しておらず，OECDのブラックリストには入っていないことも理由の一因であろう。

8　EU 諸国との競合

　アイルランドの優位性について述べてきたが，近年ほかのEU加盟国も自国

への外国企業の誘致に力を入れており，特にルクセンブルク等のタックス・ヘイブン国・地域がアイルランドにとってライバル国となっている。次章において言及するが，すでにルクセンブルク，オランダがEUからState aidに関する問題の指摘を受けている。今後アイルランドは，これらの国々と誘致競争をしていかなくてはならない。

また，英国も法人税の引き下げを行っており，アイルランドとの法人税率格差が縮小してきている。

9　本国での課税リスク

多国籍企業がアイルランドに進出するにあたって，優遇税制は魅力的である。しかし，本国（本社所在地国）における課税リスクを検討する必要がある。米国，日本では以下のような課税リスクが内在している。

9－1　米　　　国

アップルは，米国での納税額が少額であるとして米国議会で糾弾された。租税スキームがたとえ合法であっても，租税回避との非難を受ける。

9－2　日　　　本

1998年6月30日，山之内製薬（現在「アステラス製薬」）はHPに「山之内製薬　移転価格税制に基づく更正通知に対し不服申し立ての方針」と題するニュースリリースを掲載した[75]。そこでは，以下のようなことが述べられている。

---

[75]　山之内製薬は，海外初の原薬生産拠点として，1986年アイルランドに子会社を設立した。2005年4月1日，山之内製薬と藤沢薬品が合併してアステラス製薬となった。

165

山之内製薬株式会社（社長：小野田正愛）は，その子会社山之内アイルランド（以下YICL）との取引について，東京国税局より移転価格税制に基づく更正通知を受けたが，今後，不服の申し立て及び政府間協議の手続きにより，本件の取り消しを求めていく方針である。

　当該の取引とは，山之内製薬がYICLにＨ２受容体拮抗剤『ファモチジン』に関する権利を導出し，その対価としてロイヤルティーを受け取っていたもの。国税当局は当該ロイヤルティーが独立企業間価格に満たないものとして，平成４年３月期決算より平成９年３月期決算までの６年間の税額不足分，総額242億円の更正通知を山之内製薬に対し行った。

　山之内製薬は今後，以下の根拠に基づき，本取引が適正かつ妥当な独立企業間価格に基づいた取引であることを主張し，更正通知に対して不服の申し立てを行うとともに，日本とアイルランドの政府間協議を要請していく予定である。

不服申し立ての根拠

１．本取引は，アイルランドの政府機関を含めた交渉の結果決定したものである。

２．山之内製薬が独立第三者企業と行っている同様の取引と比較しても，本取引は適正かつ妥当なものである。

３．米国の著名な専門家の調査においても，本取引は独立企業間価格として妥当である旨の報告が出されている。

【参考】

　山之内アイルランド（Yamanouchi Ireland Co., Ltd.）

　設立年　：1986年

　所在地　：アイルランド　ダブリン

　従業員数：約60名

　事業内容：医薬品バルクの製造・販売

以上

Ⅳ　アイルランド進出の現状と課題

山之内製薬の取引図は，図表25のとおりである。

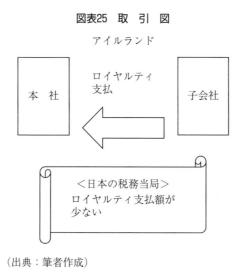

図表25　取　引　図

（出典：筆者作成）

指摘された申告もれ所得金額が約541億円，過少申告加算税を含めた追徴税額が約252億円と巨額の課税であった。

ロイヤルティ取引，とりわけ医薬品に係るロイヤルティ取引については独立企業間価格として妥当であるか否かを判断することは極めて困難である。通常第三者間価格は存在せず，子会社以外の第三者との間で同一のロイヤルティ契約を締結することも稀有である。したがって，コンパラブルの選定，移転価格算定方法の適用は難しい[76]。

法人にとって，移転価格課税を受けたことは大きな衝撃である。しかし，更正通知書を受領したことは，ゴールではなく，スタートである。訴訟に進み判

---
[76]　知的財産取引に係る移転価格課税については，税理士法人トーマツ『移転価格税制と税務マネジメント』清文社（2011），望月文雄『日米移転価格税制の制度と適用－無形資産取引を中心に－』（財）大蔵財務協会（2007），山川博樹『移転価格税制－二国間事前確認と無形資産に係る実務上の論点を中心に－』税務研究会出版局（2007），拙稿「移転価格課税における無形資産の使用により生じた利益の帰属及びその配分」『税務大学校論叢』第49号（2005）等参照。

167

決が出た段階で，あるいは相互協議に進み合意に達した段階で税額が最終確定するのであり，更正通知を受領した段階では仮の税額ととらえるべきである。むしろ，移転価格課税を受けた後，いかなる税務マネジメントを行うかが重要である。移転価格課税を受け入れるのか，あるいは，課税処分に対して不服申立てを行うか。さらに，不服申立ての結果に納得できない場合，訴訟へ進むのか。また，二重課税排除を求めて相互協議を申し立てるのか。どう対処するかは，経営上の重要な判断となる。

　移転価格税制は，納税者に所得移転の意図がなくとも，結果が所得移転となっていると税務当局が判断すれば課税される。移転価格課税を受けた法人にとって重要なことは，それを今後どう生かすかであろう。日本および進出先国の双方の国における移転価格課税リスクを正確に認識し，的確に対処することが重要である。APAを申請することは有効である。もっとも，すべての関連会社間取引についてAPAを申請することはコストパフォーマンスの観点から得策とはいえない。したがって，真に必要な関連会社間取引についてAPAを申請すべきである。また，現在，海外に関連会社を有する法人にとって，移転価格ドキュメンテーションの作成が喫緊の課題となっている。日本を含めた各国税務当局に受け入れられるドキュメンテーションを迅速に作成するかは極めて重要である。前述のアステラス製薬は，移転価格の報告に係るOECDルールにいち早く対応していると報じられている[77]。

10　小　　括

　アイルランド政府の外資誘致には，長い歴史と経験があるが，アイルランドは，①GDPの4分の1は外国企業の投資によるものといわれていること，②

---

(77)　2014年11月3日付日本経済新聞朝刊，および，2015年7月20日付日本経済新聞朝刊。

外国企業に17〜18万人が直接雇用されており，間接雇用35万人と合わせると，人口の10数％が外国企業に雇用されていることとなり，雇用面で外国企業は不可欠な存在であること，等から今後も外国企業の誘致を推進して行くものと思われる。

米国企業は，EUによるアップルの問題が生じて以降もアイルランドへの進出を続けている。日本企業では，初期段階において進出したメーカーのなかには，その後発生したリーマンショック等による売上減，コスト高等により収益性が悪化し，事業規模の縮小または撤退を余儀なくされた企業もあるようである。さらに，アイルランド進出のインセンティブの一つである低法人税率を享受しないまま撤退した企業もある。

アイルランド政府は，伝統的な製造業から，付加価値の高い産業への転換を進めていることから，アイルランドでの操業を継続することを望む伝統的なメーカーにとっては，如何に付加価値を高め，収益性を確保するかが喫緊の課題であろう。今後アイルランド側から強く望まれる進出分野は，情報通信テクノロジー，ライフサイエンス，金融，デジタルメディアに絞られてくる。

アイルランド政府は，英国のEU離脱を前提に，ダブリンを専門的な国際金融サービスの拠点とすることを目論んでおり，2016年９月，金融サービス担当大臣が日本を訪問し，新たな国際金融サービス戦略促進について説明するとともに，金融分野のさらなる進出を求めた[78]。

いずれにせよ，進出にあたり，収益性の確保，数々の優遇措置を享受できるか否か，一方においていかなるリスクが存在するか等を十分検討する必要があろう。

一般論として対日感情は悪くない。日本の存在感は高いとはいえないが日本のテクノロジーや日本人の勤勉さについてはリスペクトされているといえる。

日本企業にとって，アイルランド進出にデメリットはないのか。時差が９時間（サマータイム実施時は８時間）あり，即断を要する場合やTV会議の開催

---

[78] 2016年９月26日付アイルランド大使館プレスリリース。

には多少の影響があると思われるが，大きな問題ではない。また，日本とアイルランドの間には，直行便がない点は不便であるといえる。英国等他国経由となり，時間がかかる。

「4T」「4E」のメリットがあるものの，雇用主からみて留意すべき点もある。公共交通機関がストを実施することからも分かるように，国民感情よりも自己の権利を主張する傾向が強い。

アイルランドの租税優遇措置は，外国企業にとって大きな魅力であるが，一方において，日本企業に限らず，外資系企業にとって，本国での課税リスクがあることは承知しておくべきである。また，アイルランドにとっても，外資導入に伴うリスクについて認識しておく必要がある。もっとも当然認識しているはずであるが。米国とアイルランドとの間に特別な関係があるとはいえ，他国が有利であるなら，アイルランドから他国へ移転する米国企業も出てくる可能性がある。

外国企業の誘致を図るだけでなく，自国の企業を育成することも重要である。大企業が育ちにくいのは理解できるが，自国企業の合併等により大法人化を目指すことも必要であろう。商務庁が尽力していることから，この面について期待したい。

アイルランドを利用した租税スキーム に係るEUとの租税紛争

1 EUの機能に関する条約

1-1 EUの概要

EU (European Union) は，Treaty on the European Union（欧州連合条約，以下「EU条約」）を根拠として設立された，経済，通貨，外交，安全保障，警察，司法等の幅広い分野において協力を行う統合体である。2016年12月末日現在の加盟国は，以下の28か国である。

ベルギー，ブルガリア，チェコ，デンマーク，ドイツ，エストニア，アイルランド，ギリシャ，スペイン，フランス，クロアチア，イタリア，キプロス，ラトビア，リトアニア，ルクセンブルク，ハンガリー，マルタ，オランダ，オーストリア，ポーランド，ポルトガル，ルーマニア，スロベニア，スロバキア，フィンランド，スウェーデン，英国（＊）

＊　英国は離脱を決定しているが，現時点では加盟国

1-2 EU条約とEUの機能に関する条約

EUは，1993年発効のEU条約（マーストリヒト条約）[79]と，1958年発効の「EUの機能に関する条約（Treaty on the Functioning of the European Union：TFEU）」（ローマ条約。旧正式名称「欧州経済共同体設立条約[80]。以下「EU

---

[79]　EUを創設する基本条約である。マーストリヒトで署名されたことから，「マーストリヒト条約」と呼ばれる。その後，欧州共同体設立条約の一部を改正しつつ，政治，安全保障分野も対象とした共同体へ発展し，アムステルダム条約，ニース条約およびリスボン条約といった改正条約がある。

[80]　1951年4月にパリにて署名され，1952年7月に発効した欧州石炭鉄鋼共同体設立条約（パリ条約），1957年3月にローマにて署名され，1958年1月に発効した欧州経済共同体（EEC）設立条約及び欧州原子力共同体（EURATOM）設立条約（以

機能条約」）の２つの条約を根拠として組織されている。両条約（これらに附属する議定書や宣言を含む）については，発効してから数回の改正が行われており，直近では2009年に「欧州連合条約および欧州共同体設立条約を修正するリスボン条約」（リスボン条約）[81]が発効している。

EU条約およびEU機能条約の両条約は同格であり，このうち後者の条約が，加盟国の課税に関係する条文を規定している。

1－3　EU 規制の種類

EU規制には，以下のとおり規則，指令，決定，勧告および見解の５種類がある。

(1)　規則（Regulation）

EU規則は，加盟国の法令を統一するために制定され，加盟国に直接的な効力を有する。加盟国での国内法の制定を必要とせず，国内法に優先する。規則には，基本規則と執行規則の２種類がある。

(2)　指令（Directive）

EU指令は，欧州閣僚理事会と欧州議会において可決される集団的決定である。指令については，国内法に制定されることにより効力を有することとなる。指令は，域内市場の分野において多用される。

(3)　決定（Decision）

EU決定は，当事者である加盟国，企業，個人を対象に，具体的な行為の実施または廃止等を求めるもので，直接的に適用される。

上ローマ条約）の３条約の総称。1993年11月に発効したマーストリヒト条約により「欧州経済共同体設立条約」が「欧州共同体設立条約」と呼称変更されたため，現在ではこちらを意味する場合が多い。なお，欧州石炭鉄鋼共同体設立条約は発効後50年を経過したため2002年７月23日に失効し，同共同体は消滅している。

[81]　2009年12月１日発効。正式名称は，「欧州連合条約及び欧州連合の運営に関する条約」。拡大したEUが新たな課題に対応する能力を強化することを目的とし，常任の欧州理事会議長の任命，議長国制度の改革，意思決定手続の改善，外交実施体制の強化等を主な内容とする。

V アイルランドを利用した租税スキームに係るEUとの租税紛争

⑷ **勧告 (Recommendation)**

EU勧告は，加盟国，企業，個人等に一定の行為を実施することを求めることを表明するものであり，法的拘束力はない。

⑸ **見解 (Opinion)**

EU見解は，欧州委員会の意思を表明するものであり，法的拘束力はない。

1-4 租税に関する条文

EU機能条約において，租税に関して以下のとおり規定されている。

タイトルⅦ

第1章 競争に係る規則

第2節 国によって与えられた援助

第107条

1. 本条約において別段の定めがない限り，EU加盟国によってあるいは加盟国の資源を用いて，特定の企業や特定の製品の生産を優遇することによって競争を歪めているかまたは歪める恐れがあるあらゆる援助（aids）は，加盟国の取引に影響を与えることとなる場合，EU域内市場に適合しないこととされる。

2. 以下の項目は，域内市場に適合するものである。

 ⒜ 関連する製品の原産地について差別なく認められることを条件として，個々の消費者に与えられた社会的性格を有する援助

 ⒝ 自然災害または例外的な出来事に起因する損害を賠償するための援助

 ⒞ ドイツの分割による経済的不利を補償するために必要とされるドイツ連邦共和国の一定の地域経済に与えられた援助。リスボン条約が発効して5年経過後に，欧州理事会は，欧州委員会からの提案に従って，

175

本条項を削除する決定を採択できる。

3. 以下の項目は，域内市場に適合すると考えられる。

(a) 生活水準が異常に低いか失業率が極端に高いエリア，および，それらの構造，経済状況，社会的状況を考慮して第349条において言及されている地域における経済発展を促進するための援助

(b) 欧州共通の利害にかかわる重要なプロジェクトの実行を促進するための援助，または，加盟国における重大な経済危機を救済するための援助

(c) 共通の利害に反しない範囲において取引条件に悪影響を及ぼさないような，一定の経済活動または一定の経済地域の開発を容易にする援助

(d) 共通の利害に反しない範囲において当該援助が，取引条件と競争に影響を及ぼさないような，文化遺産保存を促進する援助

(e) 欧州委員会の提案に基づく欧州理事会の決定によって特定されるその他のカテゴリーに属する援助

第108条

1. 欧州委員会は，加盟国と協力して，当該国におけるすべての援助システムについて絶えずレビューし，進歩的な開発によってまたは域内市場の機能によって必要とされている適切かつ最終手段について提案を行う。

2. 当事者にコメントを求める通知書を発出後，ある国によってまたはある国の資源を通じて与えられた援助が，第107条に規定する域内市場に適合しない，あるいは，当該援助が誤用されていると欧州委員会が確認した場合，欧州委員会は，当該国が欧州委員会によって決定される一定期間内に，当該援助を廃止するか，変更することを求める。

176

当該国が規定された期間内にこの決定に従わないならば，欧州委員会または他のすべての関連国は，第258条と第259条の規定を適用せずに，直接問題をEU裁判所に提訴することができる。

　加盟国による申請により，例外的に正当化される場合には，欧州理事会は，第107条または第109条の規定を適用せずに，ある国が与えているまたは与えようとしている援助が域内市場に適合するとの決定を満場一致で下すこともできる。問題となっている援助について，欧州委員会が本項で規定されている上記の手続を開始した場合，当該国が欧州理事会に申請を行ったという事実によって，欧州理事会が態度を決定するまで，その手続を中断させる効果がある。

　しかし，申請後3か月以内に欧州理事会が態度を決定しない場合には，欧州委員会は当該事案についての決定を下す。

3．欧州委員会は，コメントを提出することが十分可能である時間内に，援助を与えるか，変更するかの計画を知らされることとなる。欧州委員会が，その計画が第107条に照らして域内市場に適合しないと考える場合は，欧州委員会は遅延なく第2項で規定する手続を開始することとなる。この手続が最終決定されるまで，関連する加盟国はその提案された手段を実行しないこととなる。

4．欧州委員会は，第109条の規定に従って欧州協議会が下した国による援助のカテゴリーに関して，本条第3項に規定する手続きを免除される規定を適用することができる。

第109条

　欧州理事会は，欧州委員会からの提案に基づき，そしてその後欧州議会と相談のうえ，第107条と第108条の申請に関して適切な規則を設ける

ことができる。さらに，第108条第３項が適用される条件，および，手
続きが免除される援助のカテゴリーについて決定することができる。

第２章　租　　　税

第110条

　　加盟国は，同様な国内産品に直接または間接に課す租税を超えて，他
国産品に対して自国内で直接または間接に租税を課してはならない。さ
らに，加盟国は，間接的な保護を他の製品にもたらすような性質の租税
を他の加盟国の製品に課してはならない。

第111条

　　他の加盟国に製品が輸出される場合，国内において直接的または間接
的に当該製品に課される租税の額を超えた租税の還付を行ってはならな
い。

第112条

　　売上税，物品税，および，他の形態による間接税を課す場合に，他の
加盟国への輸出についての免除や還付は認められない。そして，欧州委
員会からの提案に基づき欧州理事会によって承認された一定の期間内に
是認されない限り，加盟国からの輸入について租税が課されない。

第113条

　　特別な立法上の手続に従って，そして欧州理事会と経済・社会委員会
と協議したうえで，欧州理事会は，売上税，物品税および他の形態によ
る間接税に関する税法の調整のための規定を適用しなくてはならない。
当該調整は，域内市場の設立と機能を保証し，競争の歪みを避けること

178

> に必要な範囲内において行われる。

1−5 State aid

EU機能条約第107条には，「租税」の文言は含まれていないが，租税の減免等については，国が補助金を与えることと実質的に同一であり，State aid（国による補助）に該当すると解されている。EUは，State aidを以下のとおり解説している[82]。

⑴ State aid の管理（なぜ，State aid を管理するのか）

政府のサポートを受ける企業は競争相手より有利である。したがって，それが一般的な経済発展の理由によって正当化されない限り，条約は一般に国庫補助金を禁止する。この禁止が尊重され，免除がEU加盟国に等しく適用されることを保証するために，欧州委員会は，国庫補助金がEU規則に従うことを保証することを求めている。

⑵ State aid の定義（State aid とは何か）

State aidとは，国の当局によって選択的に行われるいかなる形であれ優位性を指す。したがって，個人あるいはすべての企業を対象とする一般的な方法による補助金は禁止されておらず，State aidの対象ではない（一般的な課税方法または雇用立法を含む）。

State aidに該当するのは以下の機能を持つ場合である。

① 国家によるさまざまな形態の介入が行われていること（例えば補助金，利子免除および減税，保証，企業の全部または一部の保有，優先的な商品やサービスの提供等）

② 当該介入は，受領者に選択的ベースで，例えば特定の企業や業界，特定の地域の企業に対して

・競争が歪められてきたまたは歪められるであろうこと

---

[82] http://ec.europa.eu/competition/state_aid/overview/index_en.html.

・政府の介入が加盟国間の貿易に影響を与える可能性があること

State aidを一般的に禁止するにもかかわらず，一定の状況下では，機能や公平な経済のために政府の介入が必要である。したがって，条約は，State aidが政策目的上のやむを得ないものとする余地を残しており，法令によってそれらの免除を規定している。法令は，それらの効率を高めるため，および多少なりともターゲットとされたState aidが欧州経済を押し上げるよう欧州理事会の要請にこたえるために規則的に見直される。欧州委員会は，加盟国と協力して新しい立法を採択する。

⑶　State aid の認識（国庫補助金はどう確認されるか）

欧州委員会は強い調査権限と決定権を有している。これらの権限の中で，一定の例外があるものの加盟国が従わなくてはならない通告処分がある。

2013年，State aid手続規則は，State aidセクタ照会の実施を導入する旨改正された。それ以前は，独占禁止法の適用だけが可能であった。State aidセクタ照会は，加盟国における競争を歪めるかもしれない場合，または，現行のState aidがもはや規制の枠組に適合しない状況において告知される。

救済措置は欧州委員会による承認の後に実施される。さらに，欧州委員会は，適切でないState aidを復元する権限を有している。

欧州委員会においては，①漁業担当（魚類・水産物の加工およびマーケティング担当），②農業担当（農産物の生産，処理およびマーケティング担当），③競争担当（その他のすべてのセクタ担当）の３人の委員長がState aidを管理している。

またEU域内の企業および消費者は，欧州委員会に苦情を申し立てることによって調査の引き金となる重要なプレーヤーでもある。さらに，欧州委員会は，State aidの疑いがある場合に，EUの公式なジャーナルを通してコメントを提出するために利害関係者を召喚し，フォーマルな調査手続を開くように要請することが可能である。

180

2 EU が問題視した事例

2-1 EU による State aid に関する調査

　アイルランドにおけるアップル事案が注目を集めているが，欧州委員会はアイルランドだけを狙い撃ちしたわけではないと説明している。欧州委員会は，アップル社以外の事案についてもState aidに係る調査を開始し，指示を出している。

(1) ベ ル ギ ー

　2016年1月，欧州委員会は，多国籍企業の利益を控除可（通常5割以上控除対象とし，最大9割）とするベルギーの優遇制度（「超過利益」制度）について，特定の多国籍企業（35社）だけが多額の税の恩典を受けており，域内企業の競争を歪めている違法行為であるとして，追徴課税を命じた。追徴見込税額は計7億ユーロ（約900億円）となる。

(2) ルクセンブルク

　2014年6月，欧州委員会は，ルクセンブルクがフィアット・クライスラー・オートモービルズに対して租税優遇を行っている可能性があるとして，調査に着手した。2015年10月，EUは，同社金融部門であるフィアット・ファイナンス・アンド・トレードについて，資本金を少なく見積もり，法人税の課税所得を実際の20分の1程度としており，当該優遇税制は違法であると指摘した。また，欧州委員会は，マクドナルドおよびアマゾン・ドット・コムに対する優遇税制が違法の疑いがあるとして，調査を開始した。

(3) オ ラ ン ダ

　2014年6月，欧州委員会は，オランダにあるスターバックスの製造子会社が英国のグループ企業に対し多額の技術料を支払うことを当局が認めていたことに違法の疑いがあるとして調査を開始し，2015年10月，当該優遇税制は違法で

あると指摘した。

２－２　EU による State aid に関する調査結果

　2014年６月，欧州委員会は，アイルランドにおけるアップル社，オランダにおけるスターバックス社，ルクセンブルクにおけるフィアット・ファイナンス・アンド・トレード社の３重要事案の移転価格調整に関するState aidに係る調査結果を公表し，本格的な調査に着手する旨公表した[83]。国内法に規定する租税減免措置が，特定の企業にとってのみ有利である場合には，EUの規則であるState aidに違反する恐れがあるからである。

⑴　アップル社（アイルランド）

　欧州委員会は，アイルランド税務当局が欧州委員会の調査に対して非常に協力的であったとしたうえで，アイルランドは近年移転価格税制を整備してきているものの，過去においては税務当局の自由裁量に問題があったと指摘した。そして，アップル社に認めた租税措置は，同社にだけ有利であって，租税負担額を不当に軽減しているとの懸念を表明した。また，アイルランドにおける移転価格税制は，十分でないとしている。

⑵　スターバックス社（オランダ）

　オランダは，納税者に対して複雑な情報提供を要請していることもあり，欧州委員会は，オランダの税法についての違法性は確認できなかったとしている。しかし，スターバックス社について，移転価格上の問題がある疑いは晴れず，同社を優遇しているとの懸念があると表明した。

⑶　フィアット・ファイナンス・アンド・トレード社（ルクセンブルク）

　ルクセンブルクは，欧州委員会に十分な資料を提出していないと認められ，次の手続きに進むこととした。

---

[83]　2014年６月11日付European Commission Press Release。

3　アップル事案

3-1　EUの調査報告書

　欧州委員会がアイルランド政府に対して情報提供要請をした1年後である2014年6月11日，欧州委員会は，「State aid：Commission investigates transfer pricing arrangements on corporate taxation of Apple（Ireland），Starbucks（Netherlands）and Fiat Finance and Trade（Luxembourg）」と題するプレスリリースを行い，アイルランド税務当局によるアップル社，オランダ税務当局によるスターバックス社，ルクセンブルク税務当局によるフィアット・ファイナンス・アンド・トレード社に対する各々の法人税課税について，EUが定めるState aid規則に反するか否か本格的に調査することを公表した。報告書の内容は，以下のとおりである。

　欧州委員会は，EU加盟数か国の税務当局が特定の企業に対してタックス・ルーリングを発出することにより，重要な税収減をもたらしたと報道されたことに関して，EU機能条約が定めるState aid規則に従い調査を行ってきた。タックス・ルーリングが，すべての法人に対し法人税額の算出，あるいは，租税特別措置の適用に関して明確とするものであれば問題ない。しかし，特定の企業または企業グループを優遇するものであれば，EUが定めるState aid規則の適用上問題となる可能性が生じる。

　EU機能条約第107条第1項に規定しているとおり，加盟国の取引に影響を与え，競争を歪める恐れがあるState aidはEU市場において非競争的であり，特定の企業に対する優遇は，ここでいうState aidに該当する。

　タックス・ルーリングは，特に移転価格調整に関して用いられる。移転価格は，同一企業グループ内の子会社と他の子会社間における製品販売，サービス提供取引の価格に関するものである。この移転価格は，異なる国に設立された

183

子会社間の課税所得の配分に影響を与える。

　企業の提案する課税所得の計算が正当であり，子会社または支店からの支払額が通常の取引条件に従ったものであるならば，State aidに該当しないであろう。しかし，それが通常の取引条件に従ったものではなく，加盟国の税制上通常他の納税者が受ける取扱いに比べ有利な取扱いである場合は，State aidに該当することとなる。

　アップル社については，税務当局と同社との間で合意されたタックス・ルーリング，具体的には，アイルランド子会社2社に配分される所得の計算方式が，当該企業にのみ恩典を与えるState aidに該当するか否か欧州委員会が詳しく調査すると述べている。

　アップル社が行った国際的租税スキームは，本国である米国，および，今回問題となっているアイルランド以外の国も含んだ複雑なものである。欧州委員会は，国際的租税スキームの全体を問題視したのではなく，EU加盟国であるアイルランドが，特定の企業に対してのみ租税優遇を行い，それがEU機能条約に定めるState aid規則に反するのではないかとの問題提起を行ったものである。

図表26　関係図

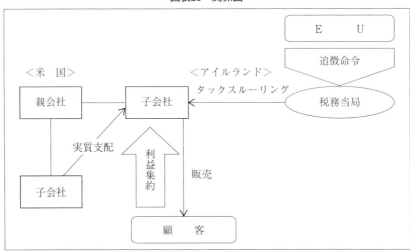

V　アイルランドを利用した租税スキームに係るEUとの租税紛争

3-2　事案のスキーム

欧州委員会がアルランド税務当局およびアップル社から得た情報に基づき説明した本件スキームの概要は，以下のとおりである。

3-2-1　子会社設立の概要

欧州委員会が公表した文書によると，アップル社は，アイルランドに図表27のとおり子会社を設立した。ここで，重要となるのは，アップル・オペレーティング・インターナショナル（Apple Operating International：AOI），アップル・オペレーティング・ヨーロッパ（Apple Operating Europe：AOE）[84]お

図表27　アイルランドにおける子会社に係る組織図

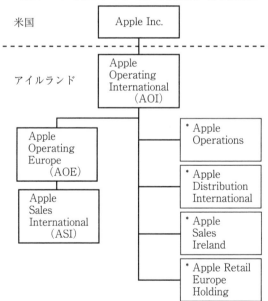

＊は，アイルランド居住法人，それ以外はアイルランド非居住法人
（出典：「State aid SA.38373（2014/C9）- Ireland Alleged aid to Apple」European Commission　2014年6月11日を基に筆者作成）

---

[84]　AOEは，Apple Computerから名称変更した。

185

よびアップル・セールス・インターナショナル（Apple Sales International：ASI）はアイルランドで設立された法人であるが，税務上アイルランドの非居住法人に該当することである。

State aid SA. 38373（2014／C 9）－Ireland Alleged aid to Appleにおいては，これらの子会社の機能について，以下のように説明されている。

AOIは，統括会社であり，アイルランドに実体がない。

AOEは，AOIの100％子会社であり，アイルランド国内に支店を有している。支店は，関連法人から部品を仕入れ，関連法人にパソコン製品を販売している。また，欧州，中近東，アフリカの関連会社に対して，給与支払い，一括仕入れ，コールセンターといったシェアード・サービスを提供している。

ASIは，AOEの100％子会社であり，アイルランド国内に支店を有している。支店は，第三者から製品を仕入れ，関連会社や顧客に製品販売等を行っている。また，その際のロジステックス業務も行っている。ASIに係る経営上の判断，知的財産に係る意思決定はアイルランド国外で行われている。

AOEおよびASIは，アップル本社（Apple Inc.）と知的財産の開発に係るコストシェアリング契約[85]を締結し，研究開発費の一部を負担するとともに，開発リスクも負っている。知的財産権は，アップル本社が保有しているが，コストシェアリング契約によってAOEおよびASIが費用負担している部分については，両社が保有している。ただし，知的財産権は，両社の支店には帰属しない。

3－2－2　アップル社が利用したスキーム

アイルランド子会社を利用したアップル社の租税回避スキームは，知的財産にかかるコストシェアリング契約を用いている。

アップル社は，図表28に記載されているとおり，アイルランドに複数の子会社を設立した。スキームでは，このうちの二つの子会社（AOE，ASI）を利用

---

[85]　コストシェアリング契約とは，グループ内の別法人等が行う知的財産の研究開発に係る費用の一部を負担し，費用負担割合に応じて知的財産から生じる利益を得ることを内容とする。なお，課税上，費用だけでなく負担するリスクも考慮される。

V　アイルランドを利用した租税スキームに係るＥＵとの租税紛争

した。アップル本社はAOEおよびASIとコストシェアリング契約を締結し，知的財産について費用分担に応じた利益を両社に配分した。AOIの管理機能をネバダ州に設立した子会社に置いており，当時のアイルランドの税法では，法人の居住性について管理支配地主義を採用していることから，AOIはアイルランド居住法人ではなくなる。ASIは製品を仕入れ，それを海外の顧客に販売することにより多額の利益を得ている。

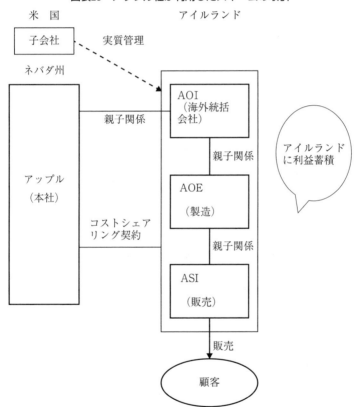

図表28　アップル社が利用したスキームの取引

(出典：2014年6月11日「State aid SA.38373（2014/C9）− Ireland Alleged aid to Apple」EuropeanCommissionを基に筆者作成)

187

３－２－３　租税負担額減少の仕組み

⑴　米国の税法上，知的財産を海外の関連会社に移転したときは，将来の使用
収益から生ずる所得に対応する価額で売却されたものとして取り扱われる。
コストシェアリング契約の場合は，共同で研究開発を行い，無形資産から生
じた利益を費用の負担割合に応じて配分することとなる。本ケースでは，本
社が研究開発を行い，ASIが費用負担を行ったことから，無形資産から生じ
る利益のうちASIの負担割合分は同社の所得となる。

⑵　AOI，AOE，ASIはアイルランドの居住法人ではなく，支店に帰属する利
益についてのみ課税される。

⑶　米国のCFC税制（タックス・ヘイブン対策税制）において，AOIに留保
された所得は，米国で課税される可能性がある。しかし，米国のCheck-the-
box条項[86]を適用させるために支店を利用すると米国のタックス・ヘイブン
対策税制が適用されない。

３－２－４　アップルグループの税務データ

　欧州委員会は，このスキームを利用した結果，アップル社の税務データは図
表29のとおりであったと説明している。

図表29　アップルおよびASIの純売上高

（単位：10億ドル）

年　　　度	2011	2012
アップル全世界純売上高	108.2	156.5
ASI純売上高	47.5	63.9
ASIの割合（％）	43.9	40.8

（出典：「State aid SA.38373（2014／C 9）－reland Alleged
aid to Apple」European Commission）2014年 6 月11
日を基に筆者作成）

---

[86]　法人として課税されるか，パートナーシップとして取り扱われるかを選択できる
 こととなっているルール。

188

V　アイルランドを利用した租税スキームに係るEUとの租税紛争

　このように，全世界純売上高の約40％をASIが占めており，アイルランドで売上計上していたことが明らかである。なお，2013年度のアップル全世界純売上高は1,709億ドルに増加している。ASIの売上高について，2009年124億ドルから2012年639億ドルへ増加しており，増加率は415％となっている。

　また，欧州委員会はAOEとASIの申告書上の売上高，課税所得，法人税額を図表30のとおりとしている。

図表30　AOEおよびASIの売上高，課税所得，法人税額（申告書ベース）

（単位：百万ユーロ）

項　　　目	法人	2010	2011	2012
売　上　高	AOE	50－60	70－80	60－70
	ASI	400－450	550－600	400－450
課 税 所 得	AOE	10－20	10－20	10－20
	ASI	30－40	50－60	40－50
法 人 税 額	AOE	1－10	1－10	1－10
	ASI	1－10	1－10	1－10

（出典：「State aid SA. 38373（2014／C 9）－Ireland Alleged aid to Apple」European Commission）2014年 6 月11日を基に筆者作成）

　ラウンド数値となっているのは，申告書の数値をそのまま使用することは守秘義務の観点から問題であるからと思われる。

図表31　グループ法人の税引前利益

（単位：10億ドル）

年　　　度	2009	2010	2011
アップル本社	3.4	5.3	10.7
ASI	4.0	12.1	22.0
その他	0.6	1.1	1.5
計	8.0	18.5	34.2

（出典：「State aid SA. 38373（2014／C 9）－Ireland Alleged aid to Apple」European Commission 2014年 6 月11日を基に筆者作成）

2011年のアップル社の全世界売上高は，1,082億ドルであったにもかかわらず，図表31のとおり本社の税引前利益は107億ドルに過ぎない。アイルランド法人であるASIの税引前利益は220億ドルであり，利益がアップル本社からASIへ移転していたことが窺える。

さらに，アップル社は，アイルランド税務当局と交渉し，法人税率が実質2％以下となるようにしたとされる。これが，のちに欧州委員会からState aidとして追及されることとなる。

3－2－5　タックス・ルーリングの概要

1991年，歳入庁はアップル社と所得配分に関するAPAに合意した。欧州委員会はこれをタックス・ルーリングと表現していることから本書においてもそれに従う。

⑴　Ａ　Ｏ　Ｅ

　①　1991年タックス・ルーリング

　　AOEに帰属する利益（所得）は，AOEの営業費用（60～70百万ドル）の65％およびその（60～70百万ドル）超過分の20％とする。なお，費用には再販売用原材料費および無形資産に係るコストシェア分は含まれない。

　②　2007年タックス・ルーリング

　　AOEに帰属する利益（所得）は，(i)AOEに帰属する営業費用の10～20％，(ii)AOE売上高の１～９％に相当する知的財産の使用による利益とする。

⑵　Ａ　Ｓ　Ｉ

　①　1991年タックス・ルーリング

　　ASIに帰属する利益（所得）は，ASIの営業費用の12.5％とする。なお，費用には再販売用原材料費は含まれない。

　②　2007年タックス・ルーリング

　　ASIに帰属する利益（所得）は，ASIに帰属する営業費用の８～18％とする。なお，費用には再販売用原材料費は含まれない。

3-3　EUの見解

(1)　State aid

　欧州委員会は，上記タックス・ルーリングがEU機能条約第107条第1項に抵触するか否を判断するためには，

① 　措置が国家に帰する，すなわち，国家の財政に影響を与えるか

② 　受領者に有利となっているか

③ 　特定の者に限られるか

④ 　加盟国間の競争を歪めているかまたは歪める恐れがあるか

について検討しなければならないとしている。

　本タックス・ルーリングは，アイルランド税務当局によって発遣されており，法人税に関するものであるから，国家の財政に影響を与えるものである。財政に影響を与えることに関して，積極的な恩典の供与だけでなく，一般的なことも含まれるとの判例も存在する。また，本タックス・ルーリングは，特定の者の納税額を減額するという点で特定の者に有利となっている。さらに，アップル社はグローバルに事業を行っており，当然EU加盟国でも事業を行っていることから，アイルランドにおける優遇は，加盟国間の競争を歪めることとなるとしている。

(2)　移転価格算定方法

　欧州委員会は，タックス・ルーリングの移転価格算定方法について以下のとおり主張している。

① 　1991年タックス・ルーリング

　コンパラブルとの比較を行ったうえでのものではなく，交渉によるものであるとしている。また，OECD移転価格ガイドラインに照らして，適切な移転価格算定方法に基づいておらず，さらに，移転価格レポートも存在しないと主張している。

　そして，以下の点で移転価格算定方法の整合性に欠けると主張している。

・1991年タックス・ルーリングで，コストの65％をAOEに帰属するとし，

課税所得が28－38百万ドルとしているが，合理的根拠が見当たらない。

・1991年タックス・ルーリングで，営業費用60－70百万ドルを境にそれ以下
　は65％，超過分については20％としているが，それについて根拠がなく，
　独立企業原則に照らして合理的でない。

・キャピタルアロウワンスについて，減価償却費を超過する1－11百万ドル
　に制限されているが，経済的合理性がなく，歳入庁および納税者の双方か
　ら説明されていない。1997 TCAでは，キャピタルアロウワンスは，事業
　目的に使用されている工場および機械について計上できることとなってい
　るにも拘わらず，1－11百万ドルは実際の工場および機械に基づくもので
　はなく，交渉の結果によるものである。

・1991年タックス・ルーリングに期間の定めがなく，更新ないまま15年間継
　続された。これは，通常のAPAの期間である3～5年に比べて長期間で
　ある。

② 2007年タックス・ルーリング

　移転価格算定方法として，営業費用を指標とする取引単位営業利益法
（Transaction Net Margin Method：TNMM）を採用しているが，原価で
はなく営業費用とした点も含め，なぜ営業費用を用いるかについて，歳入庁
および納税者の双方から説明されていない。

そして，以下の点で移転価格算定方法に整合性が取れないと主張している。

・1991年タックス・ルーリングで10－20％のマークアップについて，コン
　ピュータ業界では意味がないと言っておきながら，2007年タックス・ルー
　リングでASIについて8－18％のマークアップとしている。1991年と2007
　年とでは，経済状況に変化があるとしても，非合理的である。

・2007年タックス・ルーリングの利益配分では，売上高の増加が反映されて
　いない。ASIの売上は2009年から2012年に415％増となったにも拘わらず，
　その間の営業費用は10－20％増に止まる。この点に関して説明されていな
　い。

・2012年の売上急増が販売数量の増加によるものであれば，営業費用も増加

しなくてはならないのに，そうなっておらず，売上の配分が合理的でない。

以上の理由により，欧州委員会は，タックス・ルーリングは独立企業原則に則っておらず，アイルランドは特定の者であるアップル社に恩典を与えたと結論付けている。

(3) 市場での競争性

本報告書の段階では，アイルランドが情報を提供していないとして，欧州委員会は市場での競争性について検討できないとしている。

(4) 適 用 除 外

本件は，EU機能条約第107条2項に規定する適用除外には該当しない。また，第107条3項(a)(b)(c)にも該当しないとしている。

(5) 結　　論

欧州委員会は，今後さらなる調査を行うとしたうえで，暫定的に以下の判断をくだした。1991年および2007年のタックス・ルーリングは，アップル社に有利となっており，第107条1項の規定に従いState aidに該当する。欧州委員会は，アイルランド政府に対し，コメントを要請するとともに本件に係る詳細な情報の提供を要請する。

3-4　EUの決定

2016年8月30日，欧州委員会は，アイルランドのアップル社への租税優遇はEU法が禁じるState aidにあたるとの見解を表明し，本来の法人税率（12.5%）を適用して計算された法人税額と納付額との差額および利息分に相当する約130億ユーロ（約1兆5000億円）を追徴課税するようアイルランドに命じたことをプレスリリースした[87]。

競争政策を担当するコミッショナー Margrethe Vestager氏は，「加盟国は特定の企業に対して租税上の恩典を与えてはならない。それは，EU機能条約のState aid規則に反する。欧州委員会の調査結果によると，アイルランドはアッ

---

[87]　2016年8月30日付European Commission Press Release。

プル社に対して租税上の恩典を与えた。それにより，アップル社は長期間租税負担を軽減することが可能となった。実際，この取扱いによってアップル社の実効法人税率は2003年度１％,2004年度0.005％とすることを可能とした。」と述べている。

　欧州委員会の見解は，以下のとおり。

　　2014年６月に告知されたState aidに係る調査の結果，欧州委員会は，アイルランドがアップル社に発出した二つのタックス・ルーリングは1991年以降アイルランドでの租税負担額を潜在的かつ意図的に軽減するものであったと判断した。当該タックス・ルーリングは，経済実態のないアップルグループのアイルランド子会社２社（AOEおよびASI）に課税所得を移転することを認めており，これら２社に計上された販売利益の大部分は本来アップル本社に帰属すべきものであった。委員会報告は，これらの子会社は単なるペーパーカンパニーであり，利益が集約されるべきものではなかったとの見解を示している。現在では改正されているが，当時のアイルランド税法における特別規定の下では，両社に配分されたこれらの利益は，いずれの国においても課税されないものであった。タックス・ルーリングによって認められた配分方法の結果，アップル社の実効法人税率は2003年度に全世界販売利益の１％から2004年度は0.005％にまで減少することを可能とした。

　　アイルランドにおけるアップル社に対する税務上の取扱いは，国際課税ルールが適用される他社と比べてアップル社を著しく優遇していることから，EU機能条約のState aid規則に反するものである。2013年に欧州委員会が初めて情報提供依頼を行った以前の10年間[88]について違法なState aidについて回収するよう欧州委員会は命じることが可能である。アイルランドは，2003年度から2014年度に至るまでの期間についてアップル社がアイ

---

[88]　EC共同体規則659号15条で10年以内と規定されている。

ルランドでの納付を免れた130億ユーロおよびそれに係る利子を回収しなくてはならない。

　実際，アイルランドにおける税務上の取扱いによって，アップル社はEU市場における同社製品の販売によって得られた利益の大部分について課税を免れることが可能となった。これは，製品が販売された国ではなくアイルランドにおいて売上計上するとのアップル社の判断によるものである。もし，他国が国際課税ルールに則り，同期間について子会社2社の利益に対して課税していれば，アイルランドでの回収額は少なかったであろう。

3−5　EU決定書の内容

2016年12月，EUは，2016年8月30日付決定書（Commission Decision of 30.8.2016 ON STATE AID SA.38373（2014／C）（ex 2014／NN）（ex 2014／CP）implemented by Ireland to Apple）を公表した。2014年6月11日付報告書の内容に変更および追加された箇所が多々見受けられる。

3−5−1　子会社の居住性

　アイルランドに設立された子会社のうち，AOI，AOE，ASI，アップル・ディストリビューション・インターナショナル（Apple Distribution International：ADI）については非居住法人であり，その他の子会社は居住法人と修正された。

　ADIは，2014年以降，欧州，中近東，アフリカ，インド，中国において販売，配送，オンライン販売活動を行っている。

　なお，1997 TCA第23A条の改正を受けて，アイルランドで設立された子会社は，2015年1月以降アイルランド居住法人となった。

195

図表32 アイルランドにおける子会社に係る組織図Ⅱ

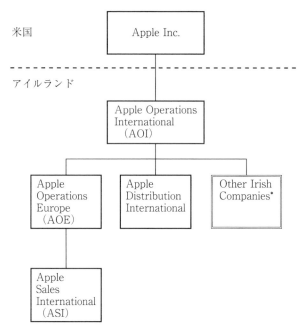

＊は，アイルランド居住法人，それ以外はアイルランド非居住法人

（出典：Commission Decision of 30.8.2016 ON STATE AID SA.38373（2014/C）（ex2014/NN）（ex 2014/CP）implemented by Ireland to Appleを基に筆者が作成）

3－5－2 タックス・ルーリング

2007年タックス・ルーリングについて，AOEおよびASIに帰属する所得として，AOEおよびASIの営業費用の10〜15％と修正された。2015年1月以降，両社はアイルランド居住法人となったことから，本タックス・ルーリングも適用されないこととなった。

3－5－3　ASIおよびAOEの財務数値，従業員数

　欧州委員会の要請に従い，両社の財務数値に係る情報が提供されたとして追加された。また，両社の支店におけるフルタイムの従業員数も追加された。さらに，両社の役員の業務についての情報も追加された。

3－5－4　コストシェアリング

　アップル本社，AOEおよびASIの間で締結されたコストシェアリング契約（CSA）に係る内容が追加された。2014年における当該R&D費用は7,000〜7,500百万ドル，このうちASIに配賦された費用は4,000〜4,500百万ドル，AOEに配賦された費用は30〜40百万ドルであり，ASIおよびAOEに配賦された割合は，55〜60％になるとされている。また，機能およびリスクについても検討されている。

3－5－5　State aid

　タックス・ルーリングは，独立企業原則に則っておらず，ASIおよびAOEに係る法人税額を不当に軽減するものであり，アップル社だけに対する租税優遇（Selective advantage）に該当し，EU機能条約第107条(1)に規定するState aidに該当するとの結論である。

3－5－6　追　　徴

　EU規則（2015／1589）第16条に基づき，アイルランドは法人税および利子を追徴しなければならない。また，同規則第17条に基づき，追徴対象期間は10年とする。追徴金額については，歳入庁が算出するものとする。

3－5－7　最終決定事項

　概要は，以下のとおりである。

(1)　1991年および2007年にアイルランドによってASIおよびAOEに対し発遣されたタックス・ルーリングは，EU機能条約第107条(1)に規定するState aidに該当する。当該State aidは域内市場において非競争的である。

(2)　アイルランドはこのState aidについて，ASIおよびAOEから正当な税額を追徴しなければならない。また，EU法の規定に従い追徴税額について利子も課するものとする。

(3)　(1)に規定する追徴は，早急にかつ効果的に実施されなくてはならない。アイルランドは本決定に係る通知日から4月以内に本決定を実施しなくてはならない。

(4)　アイルランドは本決定に係る通知日から2月以内に追徴税額の計算に関する情報を欧州委員会に提出しなくてはならない。(1)に規定する追徴を完了するまでに，本決定を実施するための国内手続の進捗状況について欧州委員会に随時報告しなくてはならない。欧州委員会からの簡単な質問があった場合は，従来どおり直ちに情報を提供しなくてはならない。

(5)　本決定通知はアイルランドに対するものである。

３－６　アイルランド政府の対応

　2014年のEUの指摘に対して，アイルランドは，直ちに当該指摘は誤っており，違法性はないと発言している。アイルランドにとっては，外資導入を図っていることから，EUの決定を受け入るわけにはいかない事情がある。そして，2016年8月の決定を受けて，欧州委員会と見解が一致しない，および，違法性はないとして，EU機能条約第108条2項に基づき，2016年11月，EU General Court（一般裁判所）[89]へ提訴したことが明らかになった。

　2016年12月，アイルランド財務省は，アイルランドはアップル社に対して租税上有利な取扱いを行っていないとして，アップル事案に係る反論のコメント

___

[89]　EUの一般裁判所は，司法裁判所，特別裁判所とともにルクセンブルクに設置されている。

V　アイルランドを利用した租税スキームに係るEUとの租税紛争

を公表した。その概要は，以下のとおりである。

　欧州委員会は，事実関係およびアイルランドの国内税法を誤認している。2016年8月30日付欧州委員会の決定は，1997年および2007年に発遣された歳入庁のタックス・ルーリングがAOEおよびASIから租税を徴収すべきであったにもかかわらず放棄したものとした点で誤っている。これらのタックス・ルーリングは国内税法から乖離したものではない。非居住法人のアイルランド支店については，1997 TCA第25条が適用され，当該支店に帰属する利益についてのみ課税されるべきであり，帰属しない国外利益については課税されないとの原則に従い，アイルランド当局は同条を適用したに過ぎない。

　さらに，決定は，AOEおよびASIの事業活動および責任について誤認している。両社は，ルーティン機能を有しているのみであり，重要な判断は米国で行われている。これらの判断から生じる利益はAOEおよびASIには帰属しない。アップル社の知的財産に係るライセンスから生じた利益をAOEおよびASIに帰属させるとの欧州委員会の決定は，アイルランドの国内税法と合致しない。

さらに，アイルランドは以下の8項目について強調している。

---

①　欧州委員会は，State aidの規定を誤って適用している。

　AOEおよびASIに対して租税上有利な取扱いを行ったとの主張は誤っている。両社の税額は，第25条の規定により課される税額より過少となっていない。欧州委員会の見解は，居住法人と非居住法人の区別を無視しており，誤ったものである。欧州委員会は，アイルランドの法人税法を書き換えようとしており，それに従うならば，歳入庁は欧州委員会の主張する独立企業原則を適用すべきであったこととなる。その原則は，支店の利益配分に係るEU法や関連するアイルランド国内法にないものであり，欧州委員会の要求は直接税の課税に関して加盟国の主権を侵害

199

するものである。

② 欧州委員会は，独立企業原則を誤って適用している。

たとえその独立企業原則が合法的であっても（アイルランドは受け入れないが），欧州委員会はそれを首尾一貫して適用しておらず，アップルグループ全体を検討していない。

③ 欧州委員会は，AOEおよびASIに対する税務上の取扱いが独立企業原則に従っていないとの誤った結論に達している。

たとえその独立企業原則が合法的であっても（アイルランドは受け入れないが），AOEおよびASIに対する税務上の取扱いが独立企業原則に従っていることを示す証拠を専門家が作成し，アイルランドがそれを欧州委員会に提出したが，あろうことかそれを却下した。

④ 欧州委員会はアイルランド国内税法を正しく理解していない。

独立企業原則はアイルランド国内税法固有のものである，第25条が継続的に適用されていなかった，あるいは，第25条は認められない裁量を付与するものであるといった欧州委員会の主張は誤りである。第25条はそのような裁量を歳入庁長官に付与していない。

⑤ 欧州委員会は，所要の手続きを踏んでいない。

調査の過程において，欧州委員会はState aidの解釈について何ら説明しておらず，アイルランドに反論の機会を与えなかった事実関係が決定に含まれている。欧州委員会は，全体をとらえておらず，適切な執行義務および注意義務を怠っている。

⑥ 欧州委員会は，奇抜な規則を持ち出している。

欧州委員会は，従来見られなかったようなEU法の規則を持ち出しており，法的安定性および合法性という原則に反している。それは小説と呼ぶべきもので，その範囲と影響は不確実である。さらに，欧州委員会は，たとえ拘束力があるにしても2010年以降のOECDドキュメントを持ち出しており，それを1991年あるいは2007年のタックス・ルーリングに

V　アイルランドを利用した租税スキームに係るEUとの租税紛争

適用することは不可能である。

⑦　欧州委員会は，その権限を超越し，国家の課税権に介入している。

　　State aidの適用上，欧州委員会は地理的範囲に係る見解を変更し，加盟国に代わって当加盟国の課税管轄権を拡大する権限を有していない。State aid規則は，加盟国が租税上の有利な取扱いに介入することを防止するためにある。その性質からして，State aid規則は，国による税制の違いを補正することはできない。

⑧　欧州委員会は，決定に係る合理的な理由を示していない。

　　欧州委員会は，決定の明確な根拠，粗野で不正確な事実関係のシナリオを採用する根拠，アイルランドが違反したといわれるタックス・ルーリングを否定する根拠，アイルランドが課税管轄外で課税所得に関して国による補助を行ったという根拠をそれぞれ示す義務を果たしていない。

3-7　アップル社の見解

　2015年，アップル社は納税手法の正当性を主張し，米国政府の批判に対しては，米国の税制はデジタル時代には時代遅れだと逆に米国政府を批判している[90]。その後も，その主張を続け，EUの指示が出された直後に，EUの主張は事実無根だとし，それは撤回されると確信しているとのコメントを発表した[91]。2015年11月，アップル社が，アイルランド南西部の都市コークの拠点で1,000人を追加採用することをアイルランド政府が明らかにした。アイルランド政府産業開発庁（IDA）は，アップル社が2017年半ばまでに1,000人が働く新たなオフィスビルを建設すると述べた。追加人員を含めると，アップル社のアイルランドでの従業員規模は6,000人になる。EUの指摘にもかかわらず，アップル社は欧州本社の拡充に動いている。

　アイルランドがEUの一般裁判所に提訴したことに続き，アップル社も提訴

---

[90]　2015年12月23日付日本経済新聞朝刊。
[91]　2016年8月31日付日本経済新聞夕刊。

201

すると述べた。

3-8　米国政府の見解

　当初，アップル社の米国における租税負担額が少ないことに対して米議会上院が問題視し，代表者を召喚する事態にまで発展した。そこでは，代表者が租税回避を行っていない旨発言している。

　しかし，EUの決定について，米国政府はこれを一方的な措置であると反発した。この背景には，多くの米国企業が欧州の低税率国に進出しており，アップル社についてEUの主張を受け入れることは，これらの米国企業に対して巨額の課税を認めることとなるからである。また，場合によっては，僅少額であっても米国に納付された税額を還付することに繋がりかねないことによる。

4　アイルランドを利用したその他の租税スキーム

4-1　ダブル・アイリッシュ

　「ダブル・アイリッシュ[92]」とは，主に米国企業が利用する租税スキームで，アイルランドに少なくとも二つの子会社を設立し，二国間租税条約，アイルランド国内税法，米国国内税法等のループホールを利用して，納税額を削減するスキームである。1980年代にアップル社が考案したといわれており，多くの米国企業が利用している。

　このようなスキームが成立するのは，アイルランドが実質的な管理支配地で居住性を判断していたのに対し，米国が法人の設立準拠法によって居住性を判断していることによる[93]。アップル社の場合，アイルランドに設立された子会

---

(92)　「ダブル・アイリッシュ」とは，メディアによって用いられている用語である。

(93)　連邦法，州法により設立された法人は米国の内国法人とされる。

202

社の取締役会はアイルランドにおいて開催されず，また，取締役のほとんどは
アイルランドに居住していなかった。このことから，アイルランドが実質的な
管理支配地ではないと判断されたことと思われる。一方，アイルランド子会
社は米国で設立されていないことから，米国法人とはならない[94]。したがって，
いずれの国の居住法人にならず，二重非課税の状態となり，2012年頃，EUお
よび米国が問題提起を行っていた。アイルランド政府も放置することが困難と
なり，2014年に2015年予算案を議会に提出した際にダブル・アイリッシュを廃
止する旨発表するに至った。すなわち，いずれの国においても居住法人となら
ない場合，アイルランド国内に登記している企業については，アイルランド居
住者とするものである。しかし，アイルランド居住者となっても，12.5％の法
人税率という大きなメリットを享受できるうえ，現在ダブル・アイリッシュを
利用している企業については，2020年末までその適用が猶予されることとなっ
ている。

4－2 グーグル社のスキーム

　グーグル社が実施したダブル・アイリッシュのスキームの概要は以下のとお
りである。

　グーグル社は，アイルランドに二つの子会社，すなわちグーグル・アイル
ランド・ホールディングス（Google Ireland Holdings：GIH）およびグーグ
ル・アイルランド・リミテッド（Google Ireland Ltd.：GIL）を設立した。こ
れらの子会社は英領バミューダ諸島に設立した子会社が管理を行っている。ま
た，オランダにも子会社グーグル・ネザーランド・ホールディングス（Google
Netherlands Holdings：GNH）を設立した。本スキームは，本社，子会社を含
めてライセンス契約（サブライセンス契約を含む）を締結し，米国以外の顧客
からのロイヤルティについて米国本社が受領する形態をとらず，これら3社を
経由することによって，アイルランド・オランダ租税条約（以下「愛蘭租税条

---

(94)　米国のタックス・ヘイブン対策税制の対象外とすることが可能となる。

203

約」），オランダ国内税法，アイルランド国内税法のループホールを利用して，納税額の削減を図るものである。アイルランドの二つの子会社を利用し，オランダ子会社を間に挟むことから，「ダブル・アイリッシュ・ダッチ・サンドイッチ」と呼ばれる。

　具体的な内容は，以下のとおりである。グーグル本社がGIHに海外における商標権のライセンセンスを付与し，さらに，GIHがGNHに，さらにGNHがGILにサブライセンスを付与する。GILは海外の顧客からロイヤルティを収受し，それが所得となるが，GNHへロイヤルティを支払うことから，所得からその分が控除されたのちに低率（12.5％）の法人税が課税される。また，GIHが受領したロイヤルティは同社に留保しておき，米国親会社には送金しない。

　アイルランド法人GILからオランダ法人GNHへ支払うロイヤルティは，愛蘭租税条約により，また，オランダ法人GNHからアイルランド法人GIHへ支払うロイヤルティは，オランダの国内法により源泉税が免除される。

　アイルランドは居住性に関して管理支配地主義を採用しており，バミューダ諸島の子会社がアイルランド法人GIHの管理を行っていることから，GIHはアイルランドの非居住法人となる。

　一方，米国での課税は以下のとおりである。米国のCFC税制（タックス・ヘイブン対策税制）において，GILに留保された所得は，米国で課税される可能性がある。しかし，米国のCheck-the-box条項を用いてGILをGIHの支店扱いにするとGILの取引はGIHの取引とみなされ，米国のタックス・ヘイブン対策税制が適用されない。同時にオランダ子会社GNHも支店扱いとすることによって，GNHの取引はGIHの取引とみなされることとなり，GIH以外の取引は米国の税務当局からはわかりにくくなる。本スキームに係る取引は，図表33のとおりである。

204

Ⅴ　アイルランドを利用した租税スキームに係るEUとの租税紛争

図表33　グーグル社のスキーム

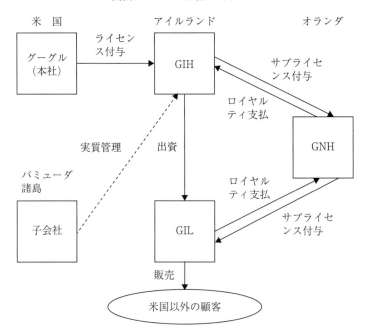

（出典：週刊東洋経済2013年3月16日号および2014年10月1日付日本経済新聞を基に筆者作成）

　このスキームにより，グーグル社は租税回避を行っていると非難されたが，グーグル社はコンプライアンスを遵守していると反論している。

5　タックス・インバージョン

　企業が自国での課税を回避するために，税率の低い国に親会社を移転し，そこに資産を移転することが行われている。これがタックス・インバージョン（Tax Inversion　納税地変換）である。コーポレート・インバージョンとも

205

いう[95]。米国企業が租税軽減目的で本社を米国外に置くことを行い，その際，M&Aを用いることが散見された。米国の法人税率が高いことから，海外企業とのM&Aを行い，M&Aで手に入れた海外企業の本社に納税地を変えた。実質的には，米国企業が他国企業を買収するのであるが，形式的には他国企業が米国企業を買収する形態をとる。税率の低い国に新たに持株会社を設立し，そこに本社を移転する。米国法人であれば，全世界所得に対して課税されるが，米国法人を法人税率の低い国の法人の子会社に組織変更し，国外所得を国外の親会社に帰属させれば，その所得に対して米国の税率ではなく，親会社所在地国の低い法人税率が適用される。

米国の医薬品メーカーがこのスキームを積極的に利用しており，製薬大手のアッビイはアイルランド法人シャイアーに買収を仕掛けたが後日撤回した。また，ファイザーは，2014年，米国よりも法人税率の低い英国に設立されているアストラゼネカに買収を仕掛けたが，同社および英国政府の反発で計画を撤回した。さらに，同社は2015年，アイルランド法人アラガンの買収を試みたがこれも撤回することとなった（買収総額は，1,600億ドル（約19兆7,000億円））。

図表34　タックス・インバージョン

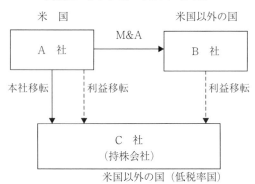

（出典：筆者作成）

---

[95] 山﨑昇「コーポレート・インバージョン（外国親会社の設立）と国際税務－クロスボーダーの三角合併解禁に伴う国際的租税回避の懸念－」税務大学校論叢54号（2007）等参照。

206

2016年４月，米国財務省は，所有権に係る要件を回避するために大量の米国資産を抱えた外国企業に３年間の制限を課す旨のタックス・インバージョンを規制する措置を発表した。ファイザーが計画を撤回したのもこれが背景にある。

　なお，日本企業もまったく関与していないわけではなく，2015年米国企業アプライドマテリアルと日本企業東京エレクトロンの経営統合が企画されたことがある。優遇税制があるオランダに持株会社を設立し，アプライドマテリアルと東京エレクトロンがその子会社となる予定であったが，実現には至らなかった。

6　OECD および EU における多国籍企業の課税逃れ防止対策の検討

6−1　OECD

　OECDは，多国籍企業が各国の国内税法と租税条約等の規定を濫用し，租税回避を行っていることに対処するため，「税源浸食と利益移転（Base Erosion and Profit Shifting：BEPS）」プロジェクトを立ち上げた。2015年BEPSプロジェクトに係る最終報告書が作成され，同年10月に開催されたG 20財務大臣・中央銀行総裁会議，同年11月に開催されたG 20サミットにおいて報告された。租税に係る問題については，従来OECD租税委員会において議論されていたが，近年G 20で議論されることとなり，注目度が急増している。

　同プロジェクトで決定された行動計画は，以下のとおりである。

　行動計画１：電子経済の課税上の課題への対処

　行動計画２：ハイブリット・ミスマッチ取極めの効果の無効化

　行動計画３：外国子会社合算税制の強化

　行動計画４：利子控除制限ルール

　行動計画５：有害税制への対応

207

行動計画 6 ：租税条約の濫用防止

行動計画 7 ：恒久的施設（PE）認定の人為的回避の防止

行動計画 8 ：適正な移転価格の算定が困難である無形資産を用いたBEPSへ
　　　　　　の対応策

行動計画 9 ：グループ内企業に対するリスクの移転，過度な資本の配分等に
　　　　　　よって生じるBEPSの防止策

行動計画10：その他移転価格算定方法の明確化やBEPSへの対応策

行動計画11：BEPSの規模・経済効果の分析方法の策定

行動計画12：義務的開示制度

行動計画13：多国籍企業の企業情報の文書化

行動計画14：相互協議の効果的実施

行動計画15：多国間協定の策定

6 - 2 　E　　　U

　2016年 1 月，欧州委員会は，欧州に進出している多国籍企業の租税回避を防止するための法案を加盟国と欧州議会に提出し，2016年 5 月，課税に関する強制的かつ自動的な情報交換に関する理事会指令[96]を採択した。これは，税務分野における行政協力に関する指令[97]を改正したもので，多国籍企業は国別報告の提出が義務付けられ，それを加盟国間で自動的に交換，共有するものである。

　さらに，2016年 7 月，EU域内市場に直接影響を与える租税回避対策に係る理事会指令[98]を採択した。これには，タックス・ヘイブンに子会社を設立してそこに利益を移転する場合，移転先の税率が親会社のあるEU加盟国の税率の

---

[96]　Council directive（EU）2016／881 of 25 May 2016 amending Directive 2011／
　　16／ EU as regards mandatory automatic exchange of information in the field of
　　taxation.

[97]　Council directive 2011／16／ EU of 15 February 2011 on administrative
　　cooperation in the field of taxation and repealing Directive 77／799／ EEC.

[98]　Council directive（EU）2016／1164 of 12 July laying down rules against tax
　　avoidance practice that directly affect the functioning of the internal market.

40％に満たない場合，移転を税務上無効とみなし，利益に課税することや，控除対象の利子の上限を定める利子制限等が規定されている。

また，EUは，多国籍企業の課税逃れの対策の一環として，法人課税ルールの共通化を図っている。既に，2011年，欧州委員会は，加盟国で事業を行うグループ法人に対し，共通連結法人税課税ベース（Common Consolidated Corporate Tax Base：CCCTB）により，納税額を算出する方式を内容とするEU指令案を公表している[99]。英国およびアイルランドが反対し，実現していないが，近年，多国籍企業の課税逃れに対する批判が増大し，法人課税ルールの共通化を進めることとなった。

7 OECD および EU における議論に関するアイルランドの対応

7−1 OECD および EU

7−1−1 OECD

アイルランドは，OECDにおける租税回避を防止するとの議論に賛成の意を表してきている。2014年5月，財務省は，BEPSに係るコンサルテーションの実施を公表した。

7−1−2 E　　U

アイルランドは，自己の国際租税戦略のなかでOECDおよびEUとの協調を掲げている等，随所にEUの規定を尊重していることを強調している。ただし，アップル事案に係る紛争に関しては，EUと対立している。

---

[99] 青山慶二「EUにおける共通統合法人税課税ベース指令案の予備的考察」『筑波ロー・ジャーナル』11号（2012.3）参照。

7-2 タックス・ヘイブンと指摘されることに対しての政府の反論

アイルランド政府は，自国がタックス・ヘイブン国であると言われることには反発しており，財務省のプリンシパル・オフィサーであるGary Tobin氏と歳入庁のエコノミストであるKeith Walsh氏が，「What Makes a Country a Tax Haven? An Assessment of International Standards Shows Why Ireland Is Not a Tax Haven」と題する論文を公表し[100]，当局の見解を述べている。

内容は，以下のとおりである。

はじめに，近年OECD，EUおよびG20においてタックス・ヘイブンに関する議論が活発に行われているとしている。そして，タックス・ヘイブンについての議論における根本的な問題は，タックス・ヘイブンという用語の定義がまったくなされていないことを指摘している。一般に，タックス・ヘイブンは，外国の投資家が低税率の恩恵を受ける国または地域を指しているといわれる。しかし，税率が低いこと以上に重要なこととして銀行機密法などのさまざま要素があるではないか。

アイルランドはOECDが定めるタックス・ヘイブンの基準を満たしていないが，12.5%という低率の法人税率とアイルランド経済のオープンな性質のため，アイルランドはタックス・ヘイブンという誤ったレッテルを貼られていると主張している。その理由として，①移転価格の合法性と濫用を区別できなかったこと，②役割の誤解と金融センター（IFSC）の規制，③1994年発表された論文[101]において誤ってタックス・ヘイブンのリストにアイルランドが含まれてしまったこと，をあげている。

---

[100]　The Economic and Social Renew, Vol. 44, No. 3, Autumn, 2013, pp. 401 - 424.

[101]　James R. Hines, Jr. and Eric M. Rice, "Fiscal Paradise : Foreign Tax Havens and American Business", The Quarterly Journal of Economics, Oxford University Press, Vol. 109, No. 1 (1994) p. 178.

① アイルランドが低い法人税率を維持し，50年間にわたり米国からの投資先であったことから，結果として，タックス・ヘイブンであるとの議論に引き入れられてしまった。しかし，アイルランド当局および企業はOECDにおける移転価格基準やプロジェクトを厳格に遵守している。

② アイルランドのIFSCはオフショア金融センターと同様な機能を持つと思慮されている。しかし，それは事実ではない。また，アイルランド政府は，常にIFSCがオープンで透明であり続けるよう努力してきた。

③ 1994年に公表された論文において，アイルランドはタックス・ヘイブンリストに含められてしまった。しかし，透明性，情報交換および経済的実質の点でこれは誤りである。アイルランドは2009年4月に公表されたOECD／G20ホワイトリストに含まれており，それ以来，「透明度に関するグローバルなフォーラムと情報交換における頑強な標準を実施する租税目的プロセスと情報交換」に従い，見直しを行ってきている。

アイルランドが他国と租税条約網を築いてきたことからもわかるように，国際社会はアイルランドをタックス・ヘイブンとみなしていない。もし，アイルランドが公正で平等な運営を行っていないと認識されているのであったなら，他国は二国間租税条約を締結しなかったであろう。米国との間で最近FATCAに関する協定を締結したことは，アイルランドが情報交換に積極的にコミットすることを如実に表している例といえる。

8　小　　括

(1)　アップル事案

アップル事案についての争点は，アイルランド当局が発遣したタックス・ルーリングが，アップル社のみを優遇（Selective advantage）するので，

State aidに該当するとのEUの決定が正当か否かである。

　EU機能条約第107条には、「租税」の文言は含まれていないが、租税の減免等については、国が補助金を与えることと実質的に同一であり、State aidと解されている。EU機能条約では、ⅰ）EU加盟国によってあるいは加盟国の資源を用いて、ⅱ）特定の企業や特定の製品の生産を優遇することによって、ⅲ）EU域内市場における競争を歪めているかまたは歪める恐れがあると認められるあらゆる援助は、State aidに該当する旨規定されている。アップル事案については、ⅰ）アイルランドによって、ⅱ）アップル社に対して、租税軽減措置を認め、ⅲ）他国企業との競争を歪めた、とのことでEUはState aidに該当すると判断している。

　しかし、アイルランドは、特定の企業（アップル社）のみを特別扱いしたのではなく、他の企業にも優遇税制を適用してきたと主張し、前述のとおり制度および手続き上の問題8項目について反論している。

　EUおよびアルランドの双方の主張にはそれぞれ首肯すべき点があるが、アップル事案について以下のような懸念等がある。

① 国 家 主 権

　EU加盟国である以上、EUのルールに従わなければならないのは言うまでもない。しかし、アイルランドが主張するように、課税権は国家主権の重要な一つである。たとえEUであっても、過度の干渉は、主権侵害になる恐れがある。

　アップル事案では、アイルランドと米国間の所得配分について、EUが異議を唱えている。さらに、アイルランドにおける所得を米国に付け替えるように主張している。アイルランドと米国の両当事国が認めているにもかかわらず二国間の所得配分を覆すような命令を下すことに問題はないか。

② 調査の限界

　EUは、アイルランドとアップル社に情報提供を依頼し、提供された情報に基づき判断しており、自ら深度ある調査を行っていないところに限界がある。事実関係等当初の報告書と最終報告書で異なる点が見受けられ、判断の基礎となるデータの適正性、整合性等に問題はないか。今後、訴訟の場において、

アップル社から異なるデータが提出される可能性も否定できない。

③ タックス・ルーリングおよびAPA

　20年前のタックス・ルーリングを問題視することは妥当か。1997年当時アイルランド当局に移転価格の概念はあったと思われるが，外資誘致が重要であったことから，アップル社から提出された内容を念査せずに受け入れ，詳細な移転価格分析は行っていなかったものと思われる。タックス・ルーリングが発遣された時，すなわち，APAが合意された当時，歳入庁は将来EUから指摘されるとは思っていなかったではないかと推測される。

　一方，企業は，通常タックス・ルーリングおよびAPAという税務当局と企業の間における合意に，法的安定性および予測可能性を求める。今回，もしこれが崩れることがあれば，そして，長期間にわたって遡及した課税が行われるのであれば，企業から見てAPAの存在意義がなくなるのではないかと思われる。アップル事案では，ユニ，すなわちアイルランドのみにおけるAPAであったが，二国間APAについても，EUが干渉するのか。日愛間の二国間APAについて合意しても，将来EUからState aidに該当するとの決定が下される可能性が残るのではないか。

④ 移転価格算定方式

　EUはタックス・ルーリングにおいて採用された移転価格算定方法であるTNMMを否定しているが，それに代わるベストメソッドを自ら提示していない。

⑤ 知的財産の使用から生じた利益の帰属

　前報告書ではアップル社が締結したコストシェアリング契約（CSA）に関する検討が十分でなかったと思われたが，最終報告書において検討されたようである。EUは，アイルランドおよびアップル社に要請し受領した情報に基づいて検討したものと思われる。

　特許権等の知的財産権についてCSAを締結し，それに応じて利益を配分することは，医薬品メーカー等において実施されていることである。しかし，アップル社のような企業がCSAを締結して利益を配分することには疑問が残る。アップル社ではブランドの価値が利益を生んでいることもあり，研究開発

費によって利益を配分することは妥当であろうか。ブランドの価値評価は極めて困難であり，アップル社も同様である。この点について，EUは十分な検討を行っていないと思われる。

⑥　追徴法人税額

EUは2003年～2014年という長期間に係る法人税額をアップル社から追徴するようアイルランドに求めている。しかも税額については，アイルランドに計算するよう求めており，自ら算出していない。また，EU法が国内法に優先されるとはいえ，国内税法に規定する更正の期間制限（原則4年）をオーバーライドすることとなる。遡及期間が長期間になっており，現実的でない。

⑦　情 報 開 示

EUの守秘義務，納税者情報の開示に懸念を有している。EUは，報告書においてアイルランド当局から入手した資料を公開している。ラウンド数字になっているものの，納税者の秘密情報を安易に公開することについて疑問が残る。報告書において，アイルランドやアップル社が開示しないことを希望する部分については，その旨連絡するように告知していることから，EUとしては問題ないと判断しているのであろうが，疑問が残る。

⑧　税 　 　 収

EUは法人税のみを検討しており，雇用による所得税，付加価値税の税収増は無視している。

⑨　対 象 企 業

アップル社側の米国企業を狙い撃ちにしているとの批判については，米国企業は租税納付額の最小化を絶えず図っていることから，対象とされやすく，また，オランダ，ルクセンブルクに設立された欧州企業も調査し，決定していることから，当てはまらないといえる。

なお，そのような批判に対するためにも，EUはState aidの可能性がある場合は，たとえマンパワーの問題があっても，今後厳格な調査を実施しなくてはならない。特に，アップル事案でタックス・ルーリングの内容に踏み込んだ以上，他社のタックス・ルーリングについても念査することが求められる。

⑩　手続き上の問題

アイルランドが主張するようにEUが十分なヒアリングを行った否か疑問が残る。アイルランドは反論の機会も与えられなかったと主張しており，形式的なヒアリングを実施しただけであるなら，手続上の瑕疵があるとのアイルランドの主張に首肯せざるをえない。

⑪　アイルランド当局の対応

アイルランド当局の対応が当初から適切なものであったか疑問も残る。欧州委員会の情報提供要請に対し，事の重大性をどこまで認識していたか。初期の対応が適切であったか検討の余地があると思われる。

最終的に，EUの判断には一罰百戒的な政治的判断が働いたのではないかと思われる。いかなる判決が下されるか不明であるが，EUもアイルランド政府も一歩も譲れないであろう。追徴期間を短縮することにより追徴額を減額するような和解でもあればと思われる。

(2)　ダブル・アイリッシュ

「ダブル・アイリッシュ」との用語は，前述のようにメディアによって造られたものである。そこには，企業は租税回避を行っている悪者であり，アイルランドもそれに加担している悪者であるとのニュアンスが含まれていると思われる。しかし，アップル社およびグーグル社のアイルランド子会社はペーパーカンパニーではない。実態があり，多数の雇用を生みだしている。また，非合法である脱税でもない。二重非課税が生じるという法令の不備があり，それを巧みに利用するスキームを考案したわけである。また，アイルランドにしても，資源がないなかで経済発展を成し遂げるためには外資導入が不可欠であり，法人税率を低くするとの政策を採用したことは理解できる。

ダブル・アイリッシュによる二重非課税は防止されたが，今後も形態を変えた租税スキームが出現するものと思われる。アイルランドはキプロス，マルタと租税条約を締結しており，今後両国を利用した租税スキームの出現が予想さ

れる。また，アイルランドの居住者が個人所得税を軽減するために，両国へ移住する可能性もある。

(3)　アイルランドに進出する日本企業

　アイルランドに進出している日本企業が，アップル社のように後日巨額の追徴を命じられることはないであろうが，アイルランドを含めEU諸国に進出する場合，当該国の国内税法，日本と当該国が締結した租税条約だけでなく，EU機能条約，特にState aidに該当するか否かについても検討しておく必要がある。

(4)　アイルランドに進出する米国企業

　米国政府は，海外生産により海外で巨額の利益を生み出している製造業やIT産業の企業に米国回帰を求めている。資金を米国に還流する場合に特別租税措置を講じる可能性もあり，アップル社も米国への回帰を視野に入れている。それは，同社にとって米国議会や社会からの「課税逃れ」との批判をかわすというメリットもある。アップル社も一時的に米国へ回帰することが予想されるが，政権の対応によって，臨機応変に対処することが予想される。

(5)　OECD BEPS

　OECDは，行動計画を実施するよう求めているものの，OECD自身ですべての当時国における実施状況を確認するのは容易でない。今後，時間と手間を費やしてモニタリングをするのであろうが，国によっては100％実行しない国もあろう。OECDは行動計画の実施をどのように確保するのであろうか。

(6)　アイルランドの今後

　アイルランド当局は，アイルランドがタックス・ヘイブン国であると指摘されることに過敏になっていると思われる。しかし，外資導入は継続するものと思われ，したたかな対応が行われるのではないか。

216

おわりに

　アイルランドは，アップル事案に係るEUの決定を受け入れられないことから，EUの一般裁判所へ提訴したが，現時点では結論が出ていない。アイルランドがアップル社との間でタックス・ルーリングに合意したことが，EU機能条約に規定する国家の補助金（State aid）に該当するとして，欧州委員会から多額の追徴を命令されるに至るには，それなりの背景があることが分かる。アイルランドが法人税率を低くしていることと経済成長等個々の事象が繋がっている。アイルランドの歴史をたどると，英国のアイルランド支配→大飢饉→米国へ移住→移民が米国で子孫を増やし，事業で成功→アイルランド独立支援→アイルランドと米国との特別な関係→優遇税制による外資導入→米国企業がアイルランドへ投資→アイルランドの経済成長，という流れになっている。

　アイルランドの経済成長の要因の一つに思い切った優遇税制の導入があげられる。これが，中途半端であったならば，外資誘致は成功していなかったと思われる。優遇税制については，政府も国民に説明し，国民もその是非を考えた。それは，リスボン条約の批准について国民投票が行われ，優遇税制が継続されるか否かが検討されたことに表れている。

　日本でも，法人税率について議論されてきており，近年軽減化が進んでいる。また，外資導入を図るための施策も実施されているが，効果が上がっているとはいえない。日本でも今後さらなる法人税率の引下げが検討されるであろうが，どれだけ引き下げられることができるだろうか。なお，税率だけが注目されるが，課税ベースが重要であり，それも含めた議論が行わなければならない。

　現在の英国の法人税率は20％であるが，2020年までに17％に引き下げることとなっている。引下げ後でも依然としてアイルランドの法人税率が低いが，英国の引き下げは外資誘致を図るアイルランドにとっては，多少の脅威となる。アイルランドは，EU離脱は考えておらず，今後もEUに留まり，そして，EU加盟国であることをインセンティブとして外資導入を図っていくものと思われ

る。英国のEU離脱をチャンスと考えているともいえる。前述のように，英国のEU離脱を機に，アイルランドはロンドンの金融機能をダブリンに誘致しようと考えている。この辺りもなかなかしたたかである。

　今回，アイルランドの税制，税務行政の概要について知ることができた。もっとも，租税スキームに関係する箇所に留まるが。一方，EUが問題視した他国での事案との比較検討をするに至っていない。これについては今後の課題としたい。

　アイルランドの税制，執行に関して疑問点があったことから，2016年11月，歳入庁に対し文書照会を行ったが，しばらくの間回答を得られなかった。そこで，2017年２月，国際課税に係る質問について国際租税課に文書照会を行ったところ，国際租税課が所掌する質問については早急に対処する，他課が所掌する質問については他課に問い合わせる旨の返信があった。そして，２月末に回答を得た。国際租税課の迅速かつ丁寧な対応に感謝した次第である。

　租税からは離れるが，アイルランドと日本には，①資源がない島国，②人材が資源，③技術立国，④米国や英国との関係，⑤国際機関でのプレゼンス，⑥独自の文化，等多くの共通点も窺える。アイルランドが日本から学ぶ点もあろうが，日本もアイルランドから学ぶべきものがある。

　余談であるが，アイルランドの漢字表記は，「愛蘭土」である。「哀乱土」ではなく「愛」を用いていることはいい得て妙である。したがって，租税条約についても，「日愛租税条約」と略される。

　今後アイルランドがどのような道を辿るのであろうか。アイルランド政府，外国企業，EUの思惑が交錯し，不透明な部分があるが，いずれにせよ，アイルランドは興味深い国である。遠い極東の地から，今後のアイルランドの動向について注目して行きたい。

参 考 文 献

《著書》

☐ Alan Moore "Tax Book 2016" Tax World International（2016）

☐ Alan Moore "Tax Magic 2016" Tax World International（2016）

☐ Bernard Doherty, Amanda-Jayne Comyn "Corporate Transactions : Tax and Legal Issues Finance Act 2014" Irish Tax Institute（2015）

☐ BH Giblin, Kelley Smith "Irish Tax Reports" Tottel Publishing（2006）

☐ Charles Haccius "Ireland in International Tax Planning" IBFD（2004）

☐ Chartered Accountants Ireland "FAE Core Corporate and Individual Tax Planning 2016－2017" Chartered Accountants Ireland（2016）

☐ Joe Martyn, Paul Reck, Terry Cooney "Taxation Summary, Finance Act 2015" Irish Tax Institute（2016）

☐ Laurence May "Irish Taxation Law and Practice－Assignments, Questions & Solutions" Irish Tax Institute（2016）

☐ Matthew J. Homewood "EU Law－Fifth Edition－" Oxford University Press（2016）

☐ Nigel Foster "EU Treaties & Legislation 2016－2017" Oxford University Press（2016）

☐ Orla Lenehan "Taxation in the Republic of Ireland" Tottel Publishing（2006）

☐ Patrick Mulcahy "Irish Taxation : Law and Practice 2016／2017" Irish Tax Institute（2016）

☐ Tom Maguire "Ireland's General Anti-Avoidance Rule and the Rule of Irish Law" Irish Tax Institute（2014）

☐ 笠原宏『EU競争法』信山社（2016）

☐ 庄司克宏『新EU法　基礎篇』岩波書店（2013）

☐ 庄司克宏『新EU法　政策篇』岩波書店（2014）

☐ 税理士法人トーマツ『欧州主要国の税法（第二版）』中央経済社（2008）

☐ 監査法人トーマツ『EU加盟国の税法』中央経済社（1996）

☐ 東洋経済新報社「海外進出企業総覧国別編（2016）」東洋経済新報社

☐ 林景一『アイルランドを知れば日本がわかる』角川oneテーマ21（2010）

☐ 中村民雄『EUとは何か－国家ではない未来の形－（第二版）』信山社（2016）

《論文，記事》

☐ Gary Tobin, Keith Walsh 'What Makes a Country a Tax Haven? An Assessment of International Standards Shows Why Ireland Is Not a Tax Haven' "The Economic and Social Review" Vol. 44, No. 3, Autumn, 2013

☐ KPMG "Corporate Tax Rates Table"（HP）

☐ JETRO「旺盛な米国企業進出の背景（アイルランド）」『JETROユーロトレンド』

（2002.7）
- [ ] JETRO「EC法と課税国法（EU）〜加盟国税制に対するEC法の規則〜」『JETRO ユーロトレンド』（2002.3）
- [ ] JETRO海外調査部「fly in suit〜アイルランド出張ハンドブック〜」（2011.3）
- [ ] 青山慶二「EUにおける共通統合法人税課税ベース指令案の予備的考察」『筑波ロー・ジャーナル11号』（2012.3）
- [ ] 東洋経済編集部「アイルランドの魅力は法人税率だけではない－リンクトイン，ドロップボックスが進出するわけ－」東洋経済オンライン2013.12.10号

《レポート，ガイドライン等》

＜アイルランド政府＞

- [ ] Central Statistics Office "Goverment Income and Expenditure"（July, 2016）
- [ ] Central Statistics Office "Annual External Trade – Goods Exports and Imports – "（July, 2016）
- [ ] Department of Finance "Ireland's International Tax Strategy"（October, 2013）
- [ ] Revenue "Annual Report 2015"（April, 2016）
- [ ] Revenue "Bilateral Advance Pricing Agreement Guidelines"（June, 2016）
- [ ] Revenue "International Tax : Mutual Agreement Procedures（including Transfer Pricing/Corresponding Adjustment/Advance Pricing Agreement issues）"（January, 2016）
- [ ] Revenue "Revenue Operational manual 35A－01－01"（2016 revised）
- [ ] Revenue "The Role of the Competent Authority"（October, 2015）

＜OECD＞

- [ ] OECD Guidelines for Multinational Enterprises and Tax Administrations（July, 2010）

＜EU＞

- [ ] Commission Decision of 30.8.2016 ON STATE AID SA.38373（2014／C）（ex 2014／NN）（ex 2014／CP）
- [ ] "Communication from the Commission to the Council, the European Parliament and the European Economic and Social Committee on the work of the EU Joint Transfer Pricing Forum in the field of dispute avoidance and resolution procedures and on Guidelines for Advance Pricing Agreements within the EU（SEC（2007）246）"
- [ ] Council directive（EU）2016／1164 of 12 July 2016 laying down rules against tax avoidance practice that directly affect the functioning of the internal market
- [ ] Council directive 2011／16／EU of 15 February 2011 on administrative cooperation in the field of taxation and repealing Directive 77／799／EEC
- [ ] Council directive（EU）2016／881 of 25 May 2016 amending Directive 2011／16／EU as regards mandatory automatic exchange of information in the field of taxation

参 考 文 献

- [ ] Guidelines for Advance Pricing Agreements in the European Union-EU Joint Transfer Pricing Forum (2007) (EU APAガイダンス)
- [ ] "Resolution of the Council and of the representatives of the governments of the Member States, meeting within the Council, of 27 June 2006 on a code of conduct on transfer pricing documentation for associated enterprises in the European Union (EU TPD) (2006／C 176／01)"
- [ ] "Revised Code of Conduct for the effective implementation of the Convention on the elimination of double taxation in connection with the adjustment of profits of associated enterprises (2009／C 322／01)"
- [ ] "State aid SA. 38373 (2014／C 9) −Ireland Alleged aid to Apple" (June, 2014)

221

事 項 索 引

（あ行）

アイルランドにおける租税競争力の
ためのロードマップ …………… 105
アイルランドの租税条約コメンタリー 98
アマゾン・ドット・コム ………… 181
EU機能条約 ……………………… 173
EUジョイント移転価格フォーラム … 102
EU条約 …………………………… 173
EU指令 …………………………… 29
EU仲裁条約 ………………… 115,117
EUの機能に関する条約 ………… 173
EU法 ……………………………… 29
一般裁判所 ……………………… 198
一般的な租税回避否認規定 ……… 54
移転価格コンプライアンスレビュー … 93
移転価格税制 …………………… 86
移転価格ドキュメンテーション義務 … 89
印紙税 …………………………… 27
印紙税統合法 …………………… 29
OECD移転価格ガイドライン …… 89
欧州共同体 ……………………… 3
欧州経済地域 …………………… 39
欧州経済利益グループ ………… 46
欧州連合条約 …………………… 173
卸売税 …………………………… 27

（か行）

外国口座税務コンプライアンス法 …… 80
外国実効レート ………………… 74
過少資本税制 …………………… 138

勧告 ……………………………… 175
関連法人 ………………………… 32
規則 ……………………………… 174
キャピタル・ゲイン税 ………… 28,51
キャピタル取得税 ……………… 28
キャピタル取得税統合法 ……… 28
強制的仲裁 ……………………… 115
共通連結法人税課税ベース ……… 209
居住者 …………………………… 44
居住法人 ………………………… 30,32
国による補助 …………………… 179
経済分析チーム ………………… 104
決定 ……………………………… 174
見解 ……………………………… 175
権限ある当局 …………………… 103
源泉徴収制度 …………………… 18
効果的な相互協議手続のための
マニュアル …………………… 109
行動規範 ………………………… 192
コーポレート・インバージョン …… 205
国際金融センター …………… 153,163
国際税務憲章 …………………… 138
国際租税課 ……………………… 15,99
国際租税戦略 …………………… 61
個人番号 ………………………… 18

（さ行）

財政法 …………………………… 12,29
歳入委員会 ……………………… 12
歳入庁 …………………………… 12
歳入庁会計官 …………………… 12

223

歳入庁指針 ………………… 29
歳入博物館 ………………… 20
財務省 ……………………… 11
産業開発庁 ………………… 149
事業損失 …………………… 37
事前確認 …………………… 118
住居を有する者 …………… 44
10分の1税 ……………… 10,27
小規模法人に対する課税の特例 ……… 36
譲渡可能証券ファンド ……… 164
譲渡損失（キャピタルロス）……… 37
情報交換協定 ……………… 65
小法人 ……………………… 35
商務庁 ……………………… 149
所得税 …………………… 27,42
所得に対する租税に関する二重課税
　の回避及び脱税の防止のための日
　本国とアイルランドとの間の条約
　（以下「日愛租税条約」）……… 75
指令 ………………………… 174
スターバックス …………… 181
税源侵食と利益移転 …… 15,103
税源浸食と利益移転プロジェクト …… 207
税務管理フォーラム ……… 109
1997年租税統合法 ………… 28
相互協議手続に関するマニュアル …… 101
租税条約のコメンタリー ……… 66

（た行）

大規模調査課 …………… 14,104
多国間事前確認 …………… 101
タックス・インバージョン ……… 205
タックス・ヘイブン対策税制
　（CFC税制）……………… 137

タックス・ルーリング ……… 190
ダブル・アイリッシュ ……… 202
ダブル・アイリッシュ・ダッチ・
　サンドイッチ ……………… 204
知的財産開発ボックス ……… 38
中央統計局 ………………… 4
仲裁 …………………… 108,114
中小法人 …………………… 89
通常の居住者 ……………… 44
特定業種調査 ……………… 17
特定項目調査 ……………… 16
独立企業間価格 …………… 89
取引高税 …………………… 27
取引単位営業利益法 ……… 192

（な行）

21／23日ルール …………… 34
二国間事前確認 ………… 101,119
二国間事前確認ガイドライン ……… 123
二国間租税条約 …………… 61
日本・アイルランド社会保障協定 ……… 9
納税地変換 ………………… 205

（は行）

配当源泉所得税 …………… 53
非居住法人 ………………… 30
フィアット・クライスラー・
　オートモービル …………… 181
フィルム源泉所得税 ……… 52
フォームPN 1 Protective Notifica-
　tions …………………… 57
付加価値税 ……………… 27,53
付加価値税統合法 ………… 28
不正者リスト ……………… 19

事項索引

富裕税 ……………………… 28

（ま行）

マーストリヒト条約 ……………… 173
マクドナルド ……………………… 181

（や行）

輸入葡萄酒税 ……………………… 27

預金金利保持税 …………………… 52
予納法人税 ………………………… 34

（ら行）

利潤税 ……………………………… 27
リスボン条約 ……………………… 174

225

欧 文 索 引

（A）

Accounting Officer ・・・・・・・・・・・・・・・ 12
Advanced Pricing Agreement :
　APA ・・・・・・・・・・・・・・・・・・・・・・・・・・・ 118
Annual Report・・・・・・・・・・・・・・・・・・・・・ 20

（B）

Base Erosin and Profit Shifting :
　BEPS ・・・・・・・・・・・・・・・・ 15,103,207
Bilateral APA ・・・・・・・・・・・・・・・ 101,119
Bilaterl Advance Pricing Agreement
　Guidelines・・・・・・・・・・・・・・・・・・・・・・ 123

（C）

Capital Acquisition Tax Consolidation
　Act : CATCA ・・・・・・・・・・・・・・・・・・・・ 28
Capital Acquisition Tax : CAT ・・・・・・・・ 28
Capital Gains Tax : CGT ・・・・・・・・ 28,51
Central Statistics Office : CSO ・・・・・・・・・・ 4
Close company ・・・・・・・・・・・・・・・・・・・・ 41
Close company legislation・・・・・・・・・・・・・・・ 36
Code of Conduct ・・・・・・・・・・・・・・・・・ 102
Commentary on Typical Provisions
　of Irish Tax Treaties・・・・・・・・・・・・・・ 66
Common Consolidated Corporate Tax
　Base : CCCTB ・・・・・・・・・・・・・・・・・ 209
Company Limited by Guarantee
　（CLG）・・・・・・・・・・・・・・・・・・・・・・・・・ 145

（D）

Competing in a Changing World , A
　Road Map for Ireland's Tax Com-
　petitiveness ・・・・・・・・・・・・・・・・・・・・ 105

Decision ・・・・・・・・・・・・・・・・・・・・・・・・ 174
Defaulters List ・・・・・・・・・・・・・・・・・・・ 19
Department of Finance・・・・・・・・・・・・・・・ 11
Deposit Interest Retention Tax : DIR
　・・・・・・・・・・・・・・・・・・・・・・・・・・・・・・・ 52
Designated Activity Company Limited
　by Guarantee （DAC）－（limited by
　guarantee）・・・・・・・・・・・・・・・・・・・・・ 145
Designated Activity Company （DAC）
　－（limited by shares）・・・・・・・・・・・・・・ 145
Directive ・・・・・・・・・・・・・・・・・・・・・・・・ 194
Dividend Withholding Tax・・・・・・・・・・・ 53
Domicile ・・・・・・・・・・・・・・・・・・・・・・・・ 44

（E）

Enterprise Ireland ・・・・・・・・・・・・・・・・・ 149
EU Directives ・・・・・・・・・・・・・・・・・・・・ 29
EU General Court ・・・・・・・・・・・・・・・・・ 198
EU Joint Transfer Pricing Forum :
　JTPF ・・・・・・・・・・・・・・・・・・・・・・・・・ 102
European Community : EC ・・・・・・・・・・・ 3
European Economic Area : EEA ・・・・・・・ 39
European Economic Interest Group-
　ing : EEIG ・・・・・・・・・・・・・・・・・・・・・ 46

欧文索引

(F)

Film Withholding Tax : FWT ………… 52

Finance Act ……………………… 12,29

Foreign Account Tax Compliance Act
（以下「FATCA」）………………… 80

Foreign Effective Rates ……………… 74

Forum on Tax Administration : FTA
……………………………………… 109

(G)

General Anti-Avoidance Rule : GAAR
……………………………………… 54

Government Income and Expenditure … 5

(H)

Headline Results ……………………… 20

(I)

Income Tax ……………………………… 42

Industrial Development Agency : IDA
……………………………………… 149

International Tax Division …………… 99

International Financial Service Center :
IFSC ……………………………… 153,163

Ireland US Intergovernmental Agree-
ment to Improve International Tax
Compliance and Implement FATCA
（以下「IGA」）………………………… 80

Ireland's International Tax Charter … 138

(K)

Knowledge Development Box : KDB … 38

(L)

Large Cases Division ……………… 14,104

Limited Company ………………… 145,146

(M)

Mandatory arbitration ……………… 115

Manual for Effective Agreement
Procedures : MEMAP ……… 101,109

Multilateral APA …………………… 101

my Account ……………………… 15,18

(O)

Office of the Revenue Commissioners … 12

Opinion ………………………………… 175

Ordinarily resident ………………… 44

(P)

Pay and File ………………………… 33,49

Pay As You Earn : PAYE ……… 18,42,50

Pay-related Social Insurance（PRSI）… 50

Personal Public Service Number : PPS
……………………………………… 18,50

Preliminary Corporate Tax…………… 34

Private Company Limited by Shares
（LTD Company）………………… 145

Professional Service Withholding Tax :
PSWT ………………………………… 52

Public Limited Company（PLC）…… 145

(R)

Recommendation …………………… 175

Regulation …………………………… 174

Resident ……………………………… 44

227

Revenue ·································· 12

Revenue - Irish Tax and Customs ······ 12

Revenue Museum ························ 20

Revenue Officer ························ 12

Revenue On-Line Service (ROS) ······· 18

Revenue Practice ······················ 29

(S)

Single Member Company ·············· 146

Small or medium-sized enterprise :

SME ································· 89

Specisl Audit ························· 17

Specisl Investigations ··················· 16

Stamp Duties Consolidation Act 1999

(SDCA) ····························· 29

State aid ····························· 179

Statistics and Economic Research

Team ······························· 104

(T)

Tax Credit Certificate (TCC) ·········· 50

Tax Evasion (Shadow Economy

Activity) Report Form ·············· 18

Tax Information Exchange Agree-

ments : TIEA ····················· 65

Tax Inversion ······················· 205

Taxes Consolidation Act : TCA ······· 28

The Board of Commissioners ··········· 12

The Role of the Competent Authority

International Tax-Transter Pricing

Branch ······························ 103

Thin Capitalization Rules ·············· 138

Transaction Net Margin Method :

TNMM ····························· 192

Transfer Pricing Compliance Review :

TPCR ······························· 93

Treaty on the European Union ········ 173

Treaty on the Functioning of the

European Union;TFEU ··············· 173

(U)

Undertakings for the collective invest-

ment in transferable securities :

UCITS ······························ 164

Universal Social Charge (USC) ········ 50

Unlimited Company ····················· 146

(V)

Value Added Tax : VAT ············· 27,53

Value Added Tax Consolidation Act

2010 ······························· 28

(W)

Wealth Tax ··························· 28

著 者 紹 介

髙久　隆太（たかく　りゅうた）
慶應義塾大学商学部教授

（略　歴）

早稲田大学商学部卒。

東京国税局国税調査官，国税庁長官官房国際業務室係長，同相互協議室課長補佐，税務大学校研究部教授を歴任し，2006年3月退官。同年4月より慶應義塾大学。

主要著書論文

【著書】『知的財産をめぐる国際税務』（単著）大蔵財務協会（2008），『Q&A移転価格税制−制度・事前確認・相互協議』（共著）税務経理協会（2007）

【論文】「取引単位営業利益法の指標として導入されたベリーレイシオ−移転価格算定方法に係る平成25年度税制改正−」『税経通信』第68巻第14号（2013），「海外進出企業における国際租税戦略」『税経通信』第67巻第10号（2012），「移転価格課税リスクと企業グループ経営」『企業会計』第62巻第5号（2010），「居住地国課税と源泉地国課税の競合」『三田商学研究』第50巻1号（2007），「移転価格税制を巡る諸問題−移転価格課税に係る訴訟の増加の中で−(1)(2)(3)」『税経通信』第62巻3，4，5号（2007），「移転価格課税における無形資産の使用により生じた利益の帰属及びその配分」『税大論叢』第49号（2005），「租税条約に基づく政府間協議（相互協議）手続について」『税大論叢』第23号（1993）

【判例評釈】「不動産取得税−不動産の取得の意義」『租税判例百選〔第6版〕』有斐閣（2016），「現地恩典利益を考慮せずに行った移転価格課税が違法とされた事例」『ジュリスト』第1485号有斐閣（2015）

アイルランドと EU の租税紛争
ー背景にある企業誘致と優遇税制ー

2017年10月1日　初版第 1 刷発行

著　　者	髙久　隆太	
発 行 者	大坪　克行	
発 行 所	株式会社　泉文堂	

〒161-0033　東京都新宿区下落合 1 － 2 － 16
電話　03(3951)9610　FAX　03(3951)6830

印 刷 所	税経印刷株式会社
製 本 所	牧製本印刷株式会社

本書の無断複写は著作権法上での例外を除き禁じられています。複写される
場合は，そのつど事前に，(社)出版者著作権管理機構（電話 03-3513-6969,
FAX 03-3513-6979, e-mail：info@jcopy.or.jp）の許諾を得てください。

JCOPY ＜(社)出版者著作権管理機構 委託出版物＞

© Ryuta Takaku　2017　　　　　　Printed in Japan（検印省略）

ISBN978－4－7930－0459－9　C3032